中等职业院校立德树人系列教材

法治素养

主编 郭兴民

北 京

冶金工业出版社

2020

内 容 提 要

本书分3大模块共12章，在介绍相关法治理念之后，以中职学生的校园生活为场景，从纪律处分、行政处罚、刑事处罚、民事责任等角度详细分析了现实校园生活和学生成长过程中的棘手问题，如校园暴力、违规吸烟与用电、校园财物安全、校园恋情以及社会实践的权利保护等问题，最后针对中职生在未来生活和工作中的需要，特别介绍了权利的救济，使学生能够做到"尊法、学法、守法、用法"。

本书可作为中等职业院校法治教育方面的教材，也可供广大青少年阅读。

图书在版编目(CIP)数据

法治素养/郭兴民主编.—北京：冶金工业出版社，
2017.9（2020.9重印）
中等职业院校立德树人系列教材
ISBN 978-7-5024-7621-2

Ⅰ.①法… Ⅱ.①郭… Ⅲ.①社会主义法制—法制
教育—中等专业学校—教材 Ⅳ.①G634.261

中国版本图书馆 CIP 数据核字（2017）第 231993 号

出 版 人 陈玉千
地　　　址 北京市东城区嵩祝院北巷39号 邮编 100009 电话 (010)64027926
网　　　址 www.cnmip.com.cn 电子信箱 yjcbs@cnmip.com.cn
责任编辑 戈 兰 美术编辑 吕欣童 版式设计 孙跃红
责任校对 卿文春 责任印制 李玉山
ISBN 978-7-5024-7621-2
冶金工业出版社出版发行；各地新华书店经销；三河市双峰印刷装订有限公司印刷
2017年9月第1版，2020年9月第3次印刷
169mm×239mm；11印张；211千字；161页
27.00元
冶金工业出版社 投稿电话 (010)64027932 投稿信箱 tougao@cnmip.com.cn
冶金工业出版社营销中心 电话 (010)64044283 传真 (010)64027893
冶金工业出版社天猫旗舰店 yjgycbs.tmall.com
（本书如有印装质量问题，本社营销中心负责退换）

前　言

　　党的十八届四中全会《中共中央关于全面推进依法治国若干重大问题的决定》提出，"法律的权威源自人民的内心拥护和真诚信仰"，要"把法治教育纳入国民教育体系，从青少年抓起，在中小学设立法治知识课程。"教育部等部门在 2016 年 6 月联合印发《青少年法治教育大纲》（以下简称《大纲》），对在中小学（含中等职业院校）普遍设立法治知识课程提出具体要求。同时，《大纲》提出"鼓励具备条件的地方、学校根据本大纲要求编写法治教育教材，在地方课程或者校本课程中设置法治知识课（必修或选修），完成本大纲要求的教育内容。"

　　中等职业院校是我国教育体系的重要组成部分，承担着培养德技双馨的高素质技能型人才的使命，而法治教育是其中必不可少的教育内容。要实现由过去"法制教育"到当今"法治教育"的转变，既需要观念的更新，也需要教材、课程建设的有效支撑。肩负着使命，借助天津市中等职业学校能力提升项目建设之东风，我们组织开发了针对中职学生的"法治素养"课程。

　　本书从法治观念、法治思维、校园法治实践以及权利救济能力等层面进行设计，努力实现《大纲》确定的"使学生较为全面地了解中国特色社会主义法律体系的基本框架、基本制度以及法律常识，强化守法意识，增强法治观念，牢固树立有权利就有义务的观念，初步具备参与法治实践、正确维护自身权利的能力"

的教育目标。

　　本书以社会主义核心价值观为引领，强调浸润心灵，指导实践；以中职生为对象，强调内容的针对性；突出法治体验，强调学生的主体地位；合理编排教学内容，强调与现行德育课程的协调性。

　　本书由郭兴民担任主编，白君华、李旭两位老师参加编写，天法律师事务所张孜雄律师审阅了本书初稿。感谢天津市劳动保障技师学院、天津市劳动保护学校领导和老师们的大力支持。本书在编写过程中，借鉴了部分同仁的研究成果，在此一并表示感谢！

　　鉴于编者经验和水平有限，书中不足之处，欢迎读者批评指正。

编　者

2017 年 7 月

目　录

模 块 1　法 治 理 念

模块 2   校园法治实践

模块 3 权利救济

模块1　法治理念

① 中职生的法治素养

1.1　法治素养的含义与构成

【案例1-1】鲁达与史进、李忠三人在酒楼喝酒时，得知金氏父女被镇关西郑屠户欺压，鲁达便赠送银两给他们并保护其出逃。

次日，鲁达来到郑屠户的肉铺，借口"买点肉"，意欲寻机激怒郑屠户，教训他。第一次，要十斤精肉，半点肥肉也不要有，细细剁成肉泥。第二次，再要十斤肥的，半点精肉也不要有，细细剁成肉泥。第三次，还要十斤寸金软骨，半点肉也不要，细细剁碎。郑屠户笑着说："提辖不会是来捉弄在下的吧。"鲁达拿起剁好的两包肉馅说道："洒家就是来捉弄你的。"说着，把肉馅往郑屠户脸上一扔，就好像下了一阵"肉雨"。郑屠户心头火起，操了一把尖刀，恶狠狠扑过来。正中下怀，鲁达三拳打在郑屠户的鼻子、眼眶、太阳穴上，不小心将其打死。为避官司，鲁达出逃。

讨论：（1）请同学讲述《鲁提辖拳打镇关西》的故事情节，要求生动、形象。

（2）《鲁提辖拳打镇关西》这个故事流传甚广。你觉得人们主要赞同鲁提辖哪些品质？

（3）假设郑屠户之事发生在21世纪的今天，你觉得鲁提辖再有这种疾恶如仇、打人致死的行为，还值得颂扬吗？为什么？

遇有不法之事，公民皆应挺身而出，见义勇为，维护社会公平正义。但是，惩罚犯罪，是国家司法机关的专有职权。任何人，非经法定部门、非依法定程序，都不得认定其为犯罪。人的生命权利，非依法定程序，不可被剥夺。在今天，如果鲁提辖还是三拳打死了恶霸无赖郑屠户，那么他不可避免地要承担一定的法律责任。因为，他虽有正义之气，却缺乏法治素养。维护社会的公平正义，需要法治的权威！

1.1.1　法治素养的含义

法治素养是指一定的社会主体在日常生活中形成的，对法律制度、规范等社会法律现象的认知、情感、意志、观念等心理状态，以及在此基础上形成的尊法、学法、守法、用法、维护法律权威的行为和习惯，是一种关于法律的特有人格特征。

1.1.2　法治素养的构成

法治素养至少应包含三个层面的内容：

（1）法律知识。法律知识体现为对国家法律的了解、掌握和认知程度，当然也包括与个人活动相关的国外法和国际法知识。

（2）法治意识。法治意识是人们对立法、执法、司法、守法、法律监督等法治范畴的思想、观点和认同状态等的总称，包括法治知识、法治观念、法治情感、法治信仰、法治思维等。

（3）法治能力。法治能力即在现实生活中运用法律、使用法治思维和法治方式分析和解决现实问题的能力及状态。

1.2　培育中职生法治素养的意义

1.2.1　建设社会主义法治国家的基础工程

2014 年 10 月，党的十八届四中全会通过《中共中央关于全面推进依法治国若干重大问题的决定》，提出全面推进依法治国，建设社会主义法治国家，这就需要全体公民共同努力。没有高素质的公民，就难以建设高水平的法治国家，培育公民的法治素养是建设法治国家的基础和前提。

青少年是祖国的未来、民族的希望。青少年学生尊法、学法、知法、守法，提高法治素养，直接关系我国社会主义法治国家的建设进程，关系我们民族的命运和国家的长久发展。

因此，加强青少年法治教育，使广大青少年学生从小树立法治观念，养成自觉守法、遇事找法、解决问题靠法的思维习惯和行为方式，是全面依法治国、加快建设社会主义法治国家的基础工程。

1.2.2　开展社会主义核心价值观教育的重要途径

法治是社会主义核心价值观的基本要素，也是社会主义核心价值观的实现载体，还是社会主义核心价值观的保障机制。

青少年时期是人生观、世界观、价值观逐步形成的关键时期，如果不加强价值观上的引导，青少年就难以明事理、辨是非。他们能否认同和践行社会主义核心价值观，不仅关系他们个人以什么姿态参与社会生活，而且关系中国未来的发展走向，直接影响中华民族伟大复兴中国梦的实现。所以，加强法治教育，培育包括中职学生在内的青少年的法治素养，是开展社会主义核心价值观教育的重要途径和目标要求。

1.2.3　培育社会主义合格公民的客观要求

（1）培育中职生的法治素养，是贯彻教育方针的需要。"培养德、智、体、美等方面全面发展的社会主义建设者和接班人"的教育目标，自然包含对法治素养的要求。一般来说，中职学校是大部分中职学生求学生涯的最后阶段，他们毕业后将直接走上工作岗位，如果他们在校期间没有接受足够的法治教育，他们就错过了形成正确法治观念的最佳时期。

（2）培育中职生的法治素养，是促进中职生健康成长的需要。中职生的违法犯罪，给自己、家庭、他人和社会造成不可估量的影响。加强法治教育，加强法律教育，敲响警钟，预防犯罪，是法治教育不可缺少的一项重要内容。

（3）培育中职生的法治素养，是青少年未来发展的需要。诸如《中华人民共和国未成年人保护法》等法律既对未成年人的权利进行保护，也对未成年人提出义务要求。例如，"未成年人不得到营业性歌舞娱乐场所"、"不得夜不归宿"等，这些都需要通过法治教育使未成年人知晓、遵守。劳动既是权利，也是义务。到了规定的年龄，拥有劳动能力的人，不参加社会劳动，在家"啃老"就有违法律倡导。要实现就业，就要学习《中华人民共和国劳动法》等法律规定，以充分维护自己的合法权利。

真正的法治社会，是一个人人崇尚法律的社会，需要社会成员较高的法治素养。正如陶行知先生所说：今日的学生，就是将来的公民。将来所需要的公民，即今天所应当养成的学生。

【法条链接】《中华人民共和国教育法》（节选）

第五条　教育必须为社会主义现代化建设服务、为人民服务，必须与生产劳动和社会实践相结合，培养德、智、体、美等方面全面发展的社会主义建设者和接班人。

第六条 教育应当坚持立德树人，对受教育者加强社会主义核心价值观教育，增强受教育者的社会责任感、创新精神和实践能力。

国家在受教育者中进行爱国主义、集体主义、中国特色社会主义的教育，进行理想、道德、纪律、法治、国防和民族团结的教育。

1.3 中职生的法治素养教育

党的十八届四中全会《中共中央关于全面推进依法治国若干重大问题的决定》提出，"法律的权威源自人民的内心拥护和真诚信仰"，要"把法治教育纳入国民教育体系，从青少年抓起，在中小学设立法治知识课程。"这里的"法治教育"不同于"法制教育"。"法制"教育，重点是向学生介绍法律常识、法律制度规定，要求学生学法、遵法、用法，规范行为习惯，强调预防和减少犯罪，维护社会秩序。而"法治"教育不仅要求学习法律，掌握基本的法律知识，还要注重法治理念、法治观点、法治习惯、法治信仰等的教育，培养青少年依法维护权益、依法化解纠纷、依法理性表达诉求的观念和能力。

为贯彻落实十八届四中全会精神，教育部、司法部、全国普法办在2016年联合印发《教育部　司法部　全国普法办关于印发〈青少年法治教育大纲〉的通知》（教政法〔2016〕13号），开始将法治教育逐步落到实处。

1.3.1 中职生法治教育的目标

《青少年法治教育大纲》针对不同教育对象，有针对性地确定了法治教育目标，实现了法治教育的系统化。

当前，中等职业教育基本上属于初中后教育，在我国的教育体系中属于高中教育阶段，这一阶段法治教育的目标是：使学生较为全面地了解中国特色社会主义法律体系的基本框架、基本制度以及法律常识，强化守法意识，增强法治观念，牢固树立有权利就有义务的观念，初步具备参与法治实践、正确维护自身权利的能力。

1.3.2 中职生法治教育的内容

《青少年法治教育大纲》提出，高中教育阶段的法治教育，要全面拓展法律常识、法律制度的内容，有针对性地增加重要的法律知识；加大法治原则、法律理念的教学深度，着重引导学生理解、认同法律背后的价值、宗旨，注重法治意识的培养。主要实施以下内容：

了解我国社会主义法律体系的构成；理解法的特征与作用，法治的内涵与精神，初步形成对中国特色社会主义法治道路的认同。加深对宪法的地位、功能和价值的认识，明晰宪法原则，深入理解宪法所确立的国家基本制度，加深对公民基本权利与基本义务的认知，加深对重要法治原则的理解，了解选举制度和重要法律规定，认知法治与民主的关系。了解宪法实施及其监督的程序与机制。

理解民事活动的基本法律原则和核心概念，了解物权的法律概念与基本规则，树立尊重所有权的观念，进一步了解合同订立与履行的法律规则，深化对诚信原则的认识。了解知识产权保护的意义和法律规则。简要了解侵权责任的原则、概念。全面认知家庭、婚姻、教育、劳动、继承等与学生个人成长相关的法律关系。了解与生活密切相关的行政法律中的重要规则，认知和理解政府行政管理的法治原则，建立权力受法律制约，有权力就有责任的观念。理解刑法的运行规则，了解犯罪构成以及罪刑法定等基本原则。了解保障人权的重要性及其含义，理解法治与权利保障的关系。

认知民事、行政、刑事方面的法律责任，深化守法意识。了解诉讼制度的基本原则，以及调解、仲裁、行政复议等多元化纠纷解决机制，建立对正当程序原则的认识，树立理性表达诉求、依法维护权益的意识。了解人民法院、人民检察院的机构设置与职能，理解法官、检察官对维护司法公正的价值。了解律师的资格条件、业务范围和权利义务，理解律师维护社会正义的价值。

了解国际法的基本原则，我国签署加入儿童权利公约、残疾人权利公约等主要国际公约的基本内容。

1.3.3 培育中职生法治素养的途径和方法

1.3.3.1 学习法律知识

一个严于律己、品德高尚的人，时刻用道德规范约束自己，可能"一辈子都不会犯法"。但当他遇到情与法、道德与法律产生冲突的时候，可能就会束手无策，或者就会触碰法律底线了。只有拥有法治素养，自觉地用法治思维和法治方式去思考、分析和解决问题，才能真正远离犯罪。

要具备法治素养，首先不能缺少法律知识。学习和掌握基本的法律知识，是培育法治素养基本条件和要求。

青少年学习法律知识，主要是在学校完成的。中职学校，是大部分中职学生求学生涯的最后阶段，学校法治教育的有无、好坏，至关重要。学校要通过法治教育课程，使学生系统地掌握法治知识，树立法治观念，培育法治素养。

除了学校开展的法治教育外，国家和社会也负有法治教育的责任。2016 年 4月，中共中央、国务院转发了《中央宣传部、司法部关于在公民中开展法治宣传教育的第七个五年规划（2016－2020 年）》，简称"七五"普法规划。其中提出，法治宣传教育的对象是一切有接受教育能力的公民，重点是领导干部和青少年。

1.3.3.2 积极参加校园法治实践活动

【案例1-2】 2017年6月1日9时许，某大学在读女博士张某欲乘坐法航AF139次航班由武汉飞往巴黎，但由于个人原因导致无法办理值机手续，被建议改签或退票。

张某执意不肯，协调无效。突然，张某情绪失控，大闹机场值机柜台，用手连掴工作人员两巴掌。

张某在民警释法后，认识到自己的错误，愿意接受法律惩罚。

张某后被湖北省公安厅机场公安局依法处以行政拘留10日处罚。

讨论：（1）有法律知识就等于有法治素养吗？

（2）高学历就等于高法治素养吗？

（3）作为中职学生，该如何培育自己的法治素养？

掌握法律常识，只是培育法治素养的基本条件。懂法，未必称得上有法治素养，知法犯法者也不在少数。掌握法治方法和方式、法治思维是培育法治素养的基本要素。法治素养要求认识、认同、信仰法律，要求敬仰法律的权威，要求运用法治的思维和方式思考、分析和解决问题。

参与法治实践，有利于深化对法律的理解。法律条文是千篇一律的，要解决复杂的现实问题，就必须在实践中锻炼法治思维和法治方式。参与法治实践，有利于增强法治体验，增强自己的法治情感。

在校园里，学校应当在法治课的基础上，创设丰富的法治环境，培育在校生的法治素养。

（1）主题教育。学校要充分利用主题教育、校园文化、党团队活动、学生社团活动、社会实践活动等多种载体，全过程、全要素开展法治教育。要将安全教育、廉政教育、民族团结教育、国防教育、交通安全教育、禁毒教育等专题教育，与法治教育内容相整合。要充分利用国家宪法日、国防教育日、国家安全教育日等节点教育，普及相关法律知识。在入学仪式、开学典礼和毕业典礼、成人仪式等活动中，融入法治教育，积极引导学生自主参与、体验感悟。

（2）校园法治文化建设。学校要全面落实依法治校要求，把法治精神、法治思维和法治方式落实在学校教育、管理和服务等各个环节，建立健全学校章程、相关规章制度，完善学生管理、服务以及权利救济制度，实现环境育人。广泛开展模拟法庭、法律知识竞赛、法律情景剧展演、辩论会、理论研讨、法治社会实践、志愿服务等法治实践活动。在校园建设中主动融入法治元素，利用宣传栏、招贴画、名言警句等校园文化载体，宣传法律知识、法治精神，营造校园法治教育氛围。

（3）学生自我教育。在法治教育中要注重发挥学生的主体作用。要根据学生实际，引导、支持学生自主制定规则、公约等，逐步培养学生参与群体生活、自主管理、民主协商的能力，养成按规则办事的习惯，引导学生在学校生活的实践中感受法治力量，培养法治观念。要积极支持学生组建法治兴趣小组、法治实践社团等，并加以正确引导，使学生以适当方式研究法治问题，参与法治实践。

1.3.3.3 积极参与社会法治实践

（1）参与立法讨论。我国国家或地方的很多立法都要广泛征求意见或者进行听证，青少年学生可以参与这些立法的讨论，发表自己的意见。

（2）依法行使监督权。宪法和法律赋予公民对国家机关及其工作人员的行为是否合法进行监督的权利，包括提出批评、建议和申诉、控告、检举。青少年学生可以通过行使这些权利，进行法律监督。

（3）旁听司法审判。凡是人民法院公开审判的案件，都允许公民旁听，青少年学生可以向人民法院申请旁听法院庭审，了解案件的审判过程。

1.3.3.4 从遵守规则开始

党的十八届四中全会《中共中央关于全国推进依法治国若干重大问题的决定》在提到加强青少年法治教育的时候，强调要"强化规则意识，倡导契约精神，弘扬公序良俗"，突出了规则教育在青少年法治素养培育过程中的作用。

培育法治素养，从遵守规则开始。规则是法律的基础，青少年养成守法的习惯，是从遵守规则开始的。对青少年进行规则教育，能够强化青少年的规则意识，培养青少年遵守规则的习惯，提高青少年适应社会生活的能力，帮助青少年成长为遵纪守法的公民。

校园里讲规则，对于学校而言，一是要基于学生认同建立规则，二是要通过多种途径让其知晓规则，三是引导他们遵守规则；对于学生而言，就是要懂得规则，要按规则办事，要维护规则的权威。

法治素养是在长期的学习和实践中逐渐养成的。要养成自身的法治素养，必须养成守法的习惯和思维。如，公民从小养成的不横穿马路、不闯红灯等遵守交通规则的习惯，就是法治素养的一种具体表现；公民在生产生活中养成遇到冲突不使用暴力、遇到纠纷去查找法律的习惯，同样是法治素养的一种具体表现。法治素养是现代社会公民必不可少的素养要素，一定要从小事做起、从自己做起，时时刻刻按照法律的要求行事，养成尊法、守法的习惯和信仰。

问题与测试

一、填空题

（1）法治素养是现代公民应当具备的基本素养，是全面推进＿＿＿＿＿＿＿＿＿的基石。

（2）一般认为，法治素养至少应该包括＿＿＿＿＿、＿＿＿＿＿、＿＿＿＿＿三个层面的内容。

（3）加强青少年法治教育，使他们从小树立＿＿＿＿＿观念，养成自觉＿＿＿＿＿、遇事＿＿＿＿＿、解决问题＿＿＿＿＿的思维习惯和行为方式，是全面＿＿＿＿＿、加快建设＿＿＿＿＿的基础工程。

（4）社会层面的核心价值观倡导＿＿＿＿＿、＿＿＿＿＿、＿＿＿＿＿、＿＿＿＿＿。

（5）中职阶段法治教育的目标：使学生较为全面地了解＿＿＿＿＿的基本框架、基本制度以及＿＿＿＿＿常识，强化＿＿＿＿＿意识、增强＿＿＿＿＿观念，牢固树立＿＿＿＿＿的观念，初步具备参与法治实践、正确维护＿＿＿＿＿的能力。

二、选择题（不定项）

（1）加强青少年法治教育的目的是使广大青少年（　　　）的思维习惯和行为方式。

    A. 从小树立法治观念　　　　　　B. 养成自觉守法

    C. 遇事找法　　　　　　　　　　D. 解决问题靠法

（2）中职生法治素养培育的途径和方法，主要包括（　　　）。

    A. 学习法律知识　　　　　　　　B. 积极参加校园法治实践

    C. 参加社会法治实践　　　　　　D. 养成守法习惯

（3）关于学校的法治教育，正确的观点包括（　　　）。

    A. 学校要开设法治教育课程

    B. 法治教育要与德育课程紧密结合起来

    C. 法治教育是德育课的事情，其他课程无需承担这个责任

    D. 学校法治教育对于中职生的法治素养培育至关重要

（4）中职生法治素养培育的意义，主要包括（　　　）。

    A. 是建设社会主义法治国家的基础工程

    B. 是开展社会主义核心价值观教育的重要途径

    C. 是培养社会主义合格公民的客观需要

    D. 是青少年未来健康发展的需要

三、判断题

（1）法治教育不同于法制教育。（　　）

（2）法治既是社会主义核心价值观的内容，也是社会主义核心价值观的保障机制。（　　）

（3）法治教育不仅要求学习法律，掌握基本的法律知识，还要注重法治观点、法治思维的教育，培养青少年依法维护权益、依法化解纠纷、依法理性表达诉求的观念和能力。（　　）

（4）一个人拥有丰富的法律知识，就表明其具有良好的法治素养。（　　）

（5）法制教育，强调的是向学生介绍法律常识、法律制度规定，要求学生学法、遵法、用法，规范行为习惯，强调预防和减少犯罪，维护社会秩序。（　　）

四、案例分析题

被告人张某为某职业技术学院一年级学生。因家庭经济状况不佳，张某自认为比别人条件差，害怕被同学看不起。在入学至 2008 年 4 月住校就读期间，多次强行向同学李某、马某、孙某等人索要财物，并以玩摔跤为名随意殴打同学。2008 年 4 月 13 日 22 时许，张某在该校学生宿舍内，以给手机充值为由，强行向学生李某索要人民币 50 元。李某不同意，张某便强迫李某与其掰手腕，并对李某进行殴打，致李某左手第四掌骨基底骨折，经法医鉴定为轻伤。被告人张某于当晚被抓获，其向被害人索要钱款已起获并退还。

在诉讼过程中，经法院主持调解，双方达成调解协议，张某赔偿李某医疗费、交通费、营养费、护理费等经济损失共计 2858.87 元。

北京市石景山区人民法院经审理认为，被告人张某随意殴打他人并致人轻伤，多次强拿硬要他人财物，情节严重，其行为扰乱学校秩序，已构成寻衅滋事罪，依法应予惩处。鉴于被告人张某犯罪时未成年，积极赔偿被害人的损失且自愿认罪，依法对其从轻处罚。依据刑法有关规定，以寻衅滋事罪判处张某拘役六个月。

问题：（1）违法犯罪，是不知者不怪吗？

（2）"杀人偿命，欠债还钱"这句话，你认为科学吗？

（3）你认为青少年违法犯罪的危害有哪些？

（4）通过本案，你认识到法治教育的重要性了吗？

（5）你认为可以通过哪些途径培育自己的法治意识？

2 法理基础

2.1 法律概述

社会生活中，很多社会关系都需要一定的规范加以调整，这些调整社会关系的规范称为社会规范（或社会行为规范）。社会规范有很多种类，法律只是其中一种。

2.1.1 法律的概念

在现代汉语中，"法律"一词，有广义和狭义之分。广义的法律，泛指各种形式的法。在我国，广义的法律包括宪法、法律、行政法规、地方性法规、行政规章等各种形式的法。狭义的法律，特指全国人大及常委会制定的法律，称之为"×××法"的法，如《中华人民共和国刑法》、《中华人民共和国教育法》。在同一个文件里，"法律"一词，可能有时指广义的，有时指狭义的，需要具体分析。

对于法律的概念，一般定义为：法律是国家制定或认可的，由国家强制力保证实施的行为规范的总和。

【知识链接】"法"与"律"的词源

汉语中"法"字的古体写作为"灋"，由"氵"、"廌"、"去"三部分组成。《说文解字》解释说："灋，刑也。平之如水，故从水；廌，所以触不直者去之，从去"。

在中国古代，"法"、"律"两字是分开使用的。"法"强调惩罚，"律"更强调法的普遍适用。

据史籍记载，商鞅变法，改法为律。从此"律"字广泛使用，其频率高于法，中国古代法典大都称为律，如秦律、汉律、魏律、晋律、隋律、唐律、明律、清律，只有宋代称刑统，元朝称典章。《说文解字》说："律，均布也"。段玉裁注疏说："律者，所以范天下之不一而归于一，故曰均布。"管子说："律者，定分止争也。"

律原为音乐之音律，音乐只有遵守音律，才能和谐，否则杂乱无章。均布是古代调整音律的工具，后来引申为规则、有序，范天下之不一而归于一，成为规范所有人及其行为的准则，即规范天下千差万别的事物趋于整齐划一。

"法律"一词，直到清末民初时才被广泛使用。

2.1.2　法律的本质与特征

2.1.2.1　法律的本质

【案例 2-1】《铡美案》是家喻户晓的故事，"负心汉"陈世美贵为驸马，在当时应属于统治阶级的一员。秦香莲贫苦出身，应属于被统治阶级的成员。最终，平民秦香莲胜诉，陈世美败诉被依法处决。

讨论：通过这一法律现象，你赞同下列哪些说法？

（1）法律所讲的公平是对全民的、无差别的公平。

（2）法律是统治阶级整体意志、共同意志的体现。

（3）被统治阶级的意志也可以上升为国家意志，成为法律。

（4）法律是全社会公众共同意志的体现。

（5）被统治阶级的个别成员，如果触犯了统治阶级整体的利益，也可能受到法律的惩罚。

法律的本质是深藏于法律的现象背后、决定法律的存在和变化的力量，是需要通过思维来把握的属性。马克思主义法的本质观认为：

（1）法律是统治阶级意志的体现。任何一个取得政权的阶级，都会通过立法的形式将自身的意志和利益合法化。因此，法律代表着统治阶级的意志，代表着统治阶级的整体利益。法律体现的阶级意志，绝对不是统治阶级内部各个成员意志的简单相加，而是由代表统治阶级利益的立法机关以这个阶级的共同的根本利益为基础所集中起来的一般意志，使之上升为国家意志。同时需要注意的是，并非一切统治阶级的意志都是法，只有被奉为法律，即体现在由国家制定或认可的、人人必须遵守的、由国家强制力保障的"法律"中的统治阶级意志才是法。

统治阶级为了自身统治的稳固，其在法律制定的过程中也不是随心所欲的，他必须考虑被统治阶级的承受力以及实施过程中的影响和阻力，在一定程度上照顾到被统治阶级的利益。

在社会主义社会，人民当家做主，法律是人民的意志和根本利益的体现。

（2）法律的内容是由统治阶级的物质生活条件决定的。法律所体现的统治阶级意志的内容，是由统治阶级的物质生活条件来决定的。统治阶级的物质生活条件，一般是指地理环境、人口状况、生产方式等，其中有决定性意义的是被一定生产力水平所制约的生产关系、经济条件。马克思说过："只有毫无历史知识的人才不知道：君主们在任何时候都不得不服从经济条件，并且从来不能向经济条件发号施令。无论是政治的立法或市民的立法，都只是表明和记载经济关系的要求而已。"归根到底，任何统治阶级都不能不顾一定经济条件的要求而任意立法。

2.1.2.2 法律的特征

（1）法律是调整行为的规范。法律通过调整人们的行为来作用于社会关系。人们之间的社会关系实际上是建立在一定的行为基础上的，调整社会关系首先通过调整人们之间的行为关系来实现。

法律是针对行为而设立的，它首先对行为起作用，调整人的行为。法律不直接调整人们的思想，这也是法律区别于道德、宗教等的特征之一。

（2）法律由国家制定或认可。制定和认可是国家创制法律的两种主要方式。所谓制定，是指掌握政权的阶级，通过国家专门机关，按照一定的权限和程序，创制新的法律规范。所谓认可，是指掌握政权的阶级，根据其需要，由国家专门机关承认在社会上早已存在并起作用的某些行为规则（如习惯、经验、道德、习俗、礼仪），并以法律规范的形式，赋予其法律效力。

制定或者认可的主体，必须是国家，由特定的国家机关代表其行使职权，因而法律具有明确的国家性：以国家名义创制、颁布；适用范围以国家主权为界限；以国家强制力保证实施。任何非国家机构或者个人都无权制定法律。

（3）法律以权利和义务为基本内容。法律规范在内容上与其他社会规范不同，它是通过规定人们的权利和义务（或职权和职责）来实现其调整社会关系和社会秩序的目的的。

权利是指法律所确认和保障的人们可以某种行为的权能。义务是指法律所规定的人们必须履行某种行为的责任。法律上的权利和义务是由国家确认并予以保障的。

法律上权利和义务的规定，具有确定性和可预测性，它明确地告诉人们该怎样行为、不该怎样行为以及必须怎样行为。人们可以根据法律规定来预先估计自己与他人之间应该采取什么样的行为，并预见到行为的法律后果。

（4）法律以程序性为重要标志。法律必须由法定机关依照法定程序来执行，程序性是法律区别于其他社会规范的重要标志之一。法律的程序性是指法律的实施是通过法定的步骤和方式得以进行的，程序的正当性是法律执行的合法性的重要条件。即使是具有法定职权的机关，如果其行为没有依照法定程序而行，那也是违法的行为，即"程序违法也是违法"。

（5）法律以国家强制力为最后保障手段。由国家制定或者认可的法律，是通过国家强制力保障实施的，对违法者以强制的方法加以制裁，强迫其遵守。这是因为：

1）法律是掌握政权的阶级的意志体现，必然会遭到敌对阶级或敌对势力的反抗和破坏，这就必须依靠军队、警察、法庭、监狱等一套暴力为后盾，保障实施。

2）法律是统治阶级整体意志的体现，统治阶级内部的少数人也可能违反法律，违反统治阶级整体的根本利益，对他们的制裁也同样需要以国家强制力作后盾来保障。

3）法律以规定权利和义务为基本内容。为了使人们的法定权利得到充分实现，免遭非法剥夺和侵犯，也为了使人们的法定义务得到切实履行，必须有国家强制力来予以保障。

（6）法律具有普遍的约束力。法律是一种国家意志，并由国家强制力保障实施，这就决定了法律具有人人必须遵守的普遍约束力。法律的普遍约束力，是指法律作为一个整体在一国主权范围和法律所规定的界限内，具有使一切国家机关、社会组织和公民一体遵行的效力。

法律的普遍约束力是法律区别于其他社会规范的重要区别之一。其他社会规范的适用范围有大有小，各不相同。例如，社团规章只能约束社团成员；宗教规范只对教徒有效。它们都没有真正的普遍性。

2.1.3　法律的作用

法律的作用是指法律对人们的行为以及最终对社会关系所产生的影响，它是国家权力运行和国家意志实现的具体表现。根据法律在社会生活中发挥作用的形式和内容，法律的作用可以分为规范作用与社会作用。

【案例 2-2】学生赵某素有吸烟的习惯，总想偷偷地抽上"几口"，解解馋。班主任老师找其谈话，明确告知：学校是教育场所，也是公共场所，禁止吸烟。根据《天津市控制吸烟条例》规定，托幼机构、少年宫、中小学校及中等职业学校等场所的室内外区域均为禁止吸烟的区域。《天津市控制吸烟条例》是天津市的地方性法规。如果在学校内吸烟，不仅违反学校纪律，而且也违法。赵某接受了班主任的批评教育，放弃了在校园内的吸烟行为。

讨论：此案例反映出法律的哪些功能？

【法条链接】《天津市控制吸烟条例》（节选）

第六条　禁止在下列场所吸烟：

（一）托幼机构、少年宫、中小学校及中等职业学校等场所的室内外区域，其他各级各类学校、培训机构的室内区域；

（二）妇幼保健机构、儿童医院的室内外区域，其他各级各类医疗卫生机构的室内区域；

（三）儿童福利院的室内外区域，其他社会福利机构的室内区域；

（四）图书馆（室）、档案馆、博物馆、纪念馆、科技馆（宫）、美术馆、展览馆、影剧院、音乐厅、文化馆（宫）、青年宫及其他科教、文化、艺术场所的室内区域；

（五）录像厅（室）、游艺厅（室）等娱乐场所和互联网上网服务营业场所的室内区域；

（六）商场（店）、超市、书店等购物场所的室内营业区域；

（七）公共体育场馆、运动健身场所的室内区域及室外的观众区、比赛区；

（八）文物保护单位、公园等场所的室内区域；

（九）宾馆、旅店等提供住宿服务场所的室内公共区域和无烟客房；

（十）机关、团体的室内区域；

（十一）本条前十项以外的单位和组织的办公室、会议室、餐厅，以及向公众提供金融、邮政、电信和其他公共服务的室内区域；

（十二）客运公共汽车、长途汽车、电车、出租汽车、城市轨道交通车辆、船舶、飞机、火车等公共交通工具内，以及售票厅、等候室、室内站台等室内区域；

（十三）法律、法规和规章确定的其他禁止吸烟的场所及区域。

2.1.3.1 法律的规范作用

法律对人的行为产生的影响，可以分为指引、评价、教育、预测和强制五种。法律的这五种规范作用是法律必备的价值。墨家就将法律比之规矩、绳墨。

（1）指引作用。指引作用是指法律通过规定主体在法律上的权利和义务以及违反这些规定的制裁，来指引人们的行为。在这里，行为的主体是每个人自己。对人的行为的指引有两种形式：一种是个别性指引，即通过一个具体的指示对具体的人的具体情况进行指引；另一种是规范性指引，是通过一般的规则对同类的人或行为进行指引。

法律对人的行为的指引通常采用两种方式：一种是确定的指引，即通过设置法律义务，要求人们做出或抑制一定行为，使社会成员明确自己必须为或不为的行为界限；另一种是选择的指引，是指通过宣告法律权利，给人们一定的选择范围。

（2）评价作用。评价作用是指法律作为一种行为标准，具有判断、衡量他人行为合法与否的评判作用。这里，行为的对象是他人。在现代社会，法律已经成为评价人的行为的基本标准。

（3）教育作用。教育作用是指通过法律的实施使法律对一般人的行为产生影响。这里，行为的对象是一般人。这种作用又具体表现为示警作用和示范作用。法律的教育作用对于提高公民法律意识，促使公民自觉遵守法律具有重要作用。

(4) 预测作用。预测作用是指凭借法律的存在，可以预先估计到人们相互之间会如何行为及其后果。法律的预测作用的对象是人们相互之间的行为，包括公民之间、组织之间以及它们相互之间的行为的预测。社会是由人们的交往行为构成的，社会规范的存在就意味着行为预期的存在。

(5) 强制作用。强制作用是指法律可以通过制裁违法犯罪行为来强制人们遵守法律。这里，强制作用的对象是违法者的行为。制定法律的目的是让人们遵守，是希望法律的规定能够转化为社会现实。在此，法律必须具有一定的权威性。离开了强制性，法律就失去了权威；而加强法律的强制性，则有助于提高法律的权威。

案例 2-2 中有三个行为，赵某想要吸烟的意思表达行为、班主任的批评教育行为、赵某听从班主任的劝诫放弃吸烟的行为。"想干什么"的意思表达行为是一种意识状态，不受法律调整；班主任的劝诫行为具有教育作用；赵某放弃吸烟的结果反映出法律具有教育功能和指引功能。

2.1.3.2 法律的社会作用

法律的社会作用是指法律对社会产生的影响。这是从法律的本质和目的这一角度出发确定的法律的作用。

在阶级对立的社会中，法律的社会作用主要体现在两大方面：

(1) 维护阶级统治。在阶级对立的社会中，法律的目的是维护对统治阶级有利的社会关系和社会秩序。维护统治阶级的阶级统治是法律的社会作用的核心。统治阶级运用法律除了保障经济、政治和思想上的统治地位外，还处理本阶级内部关系，如分配统治权和利益、处罚内部成员的违法犯罪行为等，因而法律在调整统治阶级内部和统治阶级及其同盟者之间的关系方面也具有重要作用。

(2) 执行社会公共事务。这一作用是指法律在维护人类基本生活条件、确认技术规范等方面的社会公共事务管理的作用。这集中表现在：为维护人类社会基本生活条件的法律，如有关自然资源、医疗卫生、环境保护、交通以及基本社会秩序的法律；有关生产力和科学技术的法律；有关技术规范的法律，即使用设备工序、执行工艺过程和对产品、劳动、服务质量要求的法律；有关一般文化事务的法律等。

2.1.4 法律的运行

2.1.4.1 立法

立法是指有立法权的国家机关，依照法定职权和程序制定规范性法律文件的活动。立法，是法律运行的起点，是法治社会的基础。没有立法，就谈不上"有法可依"。

立法权，就是制定、修改和废止法律的权力。

《中华人民共和国宪法》第五十八条和《中华人民共和国立法法》第七条都规定"全国人民代表大会和全国人民代表大会常务委员会行使国家立法权。"由此可见，全国人大和全国人大常委会是我国的立法机关。立法权是全国人大的重要职权之一。

根据《中华人民共和国立法法》和有关法律的规定，全国人大及其常委会制定法律的基本程序，包括法案的提出、法案的审议、法案的表决和法律的公布四个阶段。

（1）法案的提出。法案的提出是指有立法提案权的机构和人员按照法定条件和程序，向有权立法的机关提出立法议案。这是立法程序的启动环节。

法案是指依法享有提案权的机关或者个人向立法机关提出的关于制定、修改、废止某项法律的议案。根据规定，提出法案应当同时提出法律草案文本及其说明，并提供必要的资料。

（2）法案的审议。审议法案是指有立法权的机构和人员对法案进行审查、讨论。这是立法过程中的最重要阶段，直接决定法案能否通过。

全国人大常委会审议法案的一个重要特点，就是一般实行三审制，即一个法案一般应当经过三次常委会会议审议后，才能交付表决。

（3）法案的表决。法案的表决是指有立法权的机构组成人员对法案进行赞成、反对或弃权的表态活动。表决程序是具有决定性意义的立法环节，其表决结果有两种：通过或者不通过。

（4）法律的公布。法律的公布是指有公布权的机构以一定的方式将法律公之于众。

现代各国一般以法律的公布为生效和施行的前提。经全国人大及其常委会通过的法律，由国家主席签署主席令予以公布。

法律签署后，及时在全国人大常委会公报和全国范围内发行的报纸上刊登。在常委会公报上刊登的法律文本为标准文本。所谓标准文本，就是凡发现各种法律文本之间不一致的，均以常委会公报上刊登的法律文本为标准，以维护法制统一，保证法律的正确贯彻实施。

2.1.4.2　守法

守法是指国家机关、社会组织和公民个人依照法律的规定，行使权利、履行义务的活动。立法者制定法律的目的，就是要使法律在社会生活中得到实施。守法是法的实施的一种基本形式、基本途径。

守法的内容，既包括行使法定权利，又包括履行法定义务，守法是履行法律义务和行使法律权利的有机统一。行使权利，是指人们通过自己为或不为一定的行为，或者要求他人为或不为一定的行为，来保证自己的合法权利得以实现。履行法定义务，就是指人们依法为或者不为一定的行为，以保障权利人的合法权利。

守法状态，就是不违法、按法办事，直至认同和信仰法律的理想状态。

2.1.4.3　执法

在社会生活中，执法有广义与狭义之分。广义的执法是指国家行政机关、检察机关、审判机关等国家机关及其公职人员依照法定职权和程序，贯彻实施法律的活动，包括一切执行和适用法律的活动。狭义的执法，则专指国家行政机关及其公职人员，在国家和社会事务管理中依法行使管理职权、履行职责、实施法律的活动。此处所指的执法，应为狭义。国家行政机关执行法律是法的实施的重要方面。

在我国，执法权是宪法和法律赋予行政机关的职权，中央人民政府、地方各级人民政府及其所属部门都是行政执法的主体。如公安、工商、税务、环保等部门，都是行政执法部门。

依法行政是对行政执法的根本要求。依法行政，即行政主体行使行政权力、管理公共事务必须由法律授权并依据法律规定，法律是行政主体据以活动和人们评判行政活动的标准。这是依法治国的重要组成，也是社会主义政治文明建设的重要目标。

2.1.4.4　司法

司法是指国家司法机关依照法定职权与程序，运用法律处理案件的专门活动。司法不仅是解决社会纠纷的重要渠道，而且也是维护法律权威的重要机制。

我国的司法机关，主要指包括行使审判权的人民法院和行使检察权的人民检察院。另外，公安机关、国家安全机关因其享有刑事侦查权，也被认为是司法机关的一部分。

公正司法是对司法机关的根本要求。公正司法的基本内涵就是要在司法活动的过程和结果中坚持和体现公平与正义的原则。

2.1.4.5　法律监督

法律监督有广义、狭义之分。狭义的法律监督，是指有关国家机关依照法定职权和程序，对立法、执法和司法活动的合法性进行监察和督促。广义的法律监督，是指由所有的国家机关、社会组织和公民对各种法律活动的合法性进行监察和督促。本处所说的法律监督，是处在法律运行过程中环节，属于广义的法律监督之义。法律监督涉及"谁监督"、"监督谁"和"监督什么"的三方面问题。

"谁监督"，指的是监督主体，一是指国家机关的监督，是以国家的名义进行的，具有法律的强制力；二是指社会组织的监督，包括政党的监督、社会团体和群众组织的监督；三是人民群众的监督。

"监督谁"，指的是监督客体，包括国家机关、社会组织、公民个人等一切受法律调整的组织和个人，但应以对国家机关的监督为主要监督对象。

"监督什么"，指的是监督的内容，主要监督其是否依法办事。

2.2 法律构成

2.2.1 法律要素

在浩如烟海的法律文件中，要迅速地查找有关法律和法律条文，准确地理解法律条文的含义，就应当了解法律的构成要素。

法律要素，是指组成法律系统所不可缺少的各种要素。在狭义的法律中，其主要包括法律原则、法律概念和法律规范三大要素。

2.2.1.1 法律原则

法律原则是指能够作为法律规范的基础或在法律中较为稳定的原理和规则。

A 法律原则的分类

从法律原则的层次上分，法律原则可以分为宪法原则和部门法原则。

宪法原则一般包括人民主权原则、基本人权原则、法治原则等。

部门法原则，例如我国刑法的基本原则，包括罪刑法定原则、刑法面前人人平等原则、罪刑相适应原则；婚姻法的婚姻自由原则、一夫一妻制原则、男女平等原则、计划生育原则；民法中的自愿、平等、等价、有偿原则，诚实信用原则，绿色原则等。

B 法律原则的作用

从法律制定的角度看，法律原则直接决定了法律制度的基本性质、内容和价值取向。法律原则是法律精神最集中的体现，因而构成了整个法律制度的理论基础；法律原则是法律制度内部和谐统一的重要保障；法律原则对法制改革具有导向作用。

从法律实施的角度看，法律原则指导法律解释和法律推理；补充法律漏洞，强化法律的调控能力；是确定行使自由裁量权合理范围的依据。

从遵守法律的角度看，不能强求每个人都熟悉所有的法律条文和术语，成为法学家，但是，只要掌握和理解法律原则，遵守法律原则，就能指导自己的法治实践，远离触法风险。

2.2.1.2 法律概念

法律概念是对各种有关法律的事物、状态、行为等法律事实进行概括，抽象出它们的共同特征而形成的权威性范畴。

很多法律概念在日常生活中也有频繁的运用，如"结婚"、"出生"、"死亡"等，但这些概念作为日常用语与作为法律用语之间会有很大的差别。例如民间的"结婚"就是男女双方举行了结婚仪式之后的男女结合，民间对结婚的评判最主要的就是有没有"结婚仪式"以告知亲朋好友。而法律上则不把结婚仪式作为结婚的要件，而是规定了婚姻登记的法定条件，任何条件下，只要未进行婚姻登记、未取得"结婚证"，均不是合法婚姻，不产生法律保护的婚姻关系。

法律概念是构成整个法律体系的细胞，是法律知识体系中最基本的要素。要理解法律或者法律条文，不理解法律概念是难以想象的。

2.2.1.3　法律规范

法律规范又称为法律规则，是指通过法律条文表现出来的，针对社会关系参与者在某种事实状态下的权利、义务和责任的一般性规定。一般来说，一个完整的法律规范由假定、处理和制裁的三个要素组成。

假定，即假定条件，是适用规范的必要条件，是指实施某种行为可以适用法律规范，即法律规范所适用的具体事实状态。

处理，即行为模式，是行为规范本身的基本要求，是指以权利和义务的形式规定人们应当做什么、不应当做什么，能做什么、不能做什么。行为模式主要有三种规定方式：

（1）可为模式（授权性规范），即在假定条件下，人们"可以和有权如何行为"的模式；

（2）应为模式（义务性规范），即在假定条件下，人们"应当或必须如何行为"的模式；

（3）勿为模式（禁止性规范），即在假定条件下，人们"禁止或不得如何行为"的模式。

制裁，即法律后果，是指法律规范中关于一定主体遵守或者违反规则的肯定或否定的后果。肯定性后果是确认行为的合法性，对行为予以保护奖励；否定性后果，是否定行为的合法性，对行为不予保护甚至施以处罚制裁。

法律规范体现在法律条文中，但法律条文本身不等于完整的法律规范。一个法律条文可以完整地包括一个或者几个法律规范。反之，一个法律规范可以体现在同一法律条文中，也可以体现在同一规范性文件的其他条文中，甚至还可能体现在不同规范性法律文件中。

2.2.2　法律体系的含义

法律体系通常是指一个国家的全部现行法律规范按照一定的原则和要求，划分为不同法律部门而形成的、有机联系的统一整体。

【知识链接】法律体系不包括国际法即国际公法，也不包括已废止的法律。这与法系有很大区别，各个法系如大陆法系、英美法系均由若干个国家具有共性的法律所组成；构成法系的法律，是跨历史时代的，不仅包括现行法律，还包括历史上的法律以及法律观念、法律文化等等。

2.2.3 中国特色社会主义法律体系的内容

2011年3月10日，在全国人大十一届四次会议第二次全体会议上，吴邦国委员长宣布，中国特色社会主义法律体系已经形成。

我国的法律体系是以宪法为统帅，以法律为主干，以行政法规、地方性法规为重要组成部分，由宪法相关法、民法商法、行政法、经济法、社会法、刑法、诉讼与非诉讼程序法等多个法律部门组成的统一整体。

2.2.3.1 宪法相关法

宪法规定了一个国家的根本制度、公民的基本权利和义务等重大问题。宪法相关法调整的是国家机关之间、国家与公民之间的法律关系，在维护国家主权、保证国家政权的运作、保障人民当家作主的权利、促进民主政治和法制建设方面，发挥重要作用。宪法作为一个法律部门，是整个法律体系的基础。

宪法部门最基本的规范，主要反映在《中华人民共和国宪法》之中。

此外，宪法部门还包括主要国家机关的组织法（全国人大组织法、国务院组织法、人民法院组织法等）、选举法、民族区域自治法、特别行政区基本法、立法法、国籍法、国旗法、反分裂国家法、集会游行示威法等较低层次的法律。

2.2.3.2 民法商法

民法商法又可称为民商法，是规范社会民事和商事活动的法律规范的总和，调整的是自然人、法人和其他组织之间，以平等地位而发生的民事、商事法律关系。将民法商法作为一个法律部门，说明我国在民法和商法关系上实行"民商合一"的原则。

民法是一个传统的法律部门，是调整平等主体的公民之间、法人之间、公民和法人之间的财产关系和人身关系的法律。民法主体之间地位完全平等，强调平等、自愿、等价、有偿、诚实信用等民事活动基本原则。

我国民法部门的规范性法律文件主要由《中华人民共和国民法总则》（以下简称《民法总则》）和单行民事法律组成。《民法总则》是民法部门的基本法。单行民事法律主要有合同法、担保法、婚姻法、继承法、收养法、商标法、专利法、著作权法等。

商法是在传统民法基础上为适应现代商事交易发展需要而发展起来的一个新的、特殊的民法部门，是调整平等主体之间的商事关系或商事行为的法律。

我国的商法包括如证券法、票据法、保险法、海商法等法律规范性文件。

2.2.3.3 行政法

行政法是调整国家行政管理活动中各种社会关系的法律规范的总和，它调整的是行政机关与公民、法人和其他组织之间因行政管理活动而发生的法律关系。行政法主体，即行政机关与行政管理相对人，二者在地位上是不平等的。行政行为不是协商的产物，是行政机关单方的意志行为，行政行为一经做出，除经法定程序外，相对人必须服从。正因为如此，依法行政在法治国家建设中具有特殊的重要性。行政法的基本原则就是职权法定、程序法定、公开公正、有效监督。

我国的行政法律文件，主要有行政复议法、行政处罚法、行政监察法、政府采购法、公务员法、治安管理处罚法以及食品卫生法、药品管理法、交通管理法等。

2.2.3.4　经济法

经济法是调整国家在经济管理中发生的经济关系的法律。经济法是一个新兴的法律部门，它一方面与民商法联系密切，一方面又与行政法紧密相连，是从这两个法律部门中分离出来的一个独立的法律部门。

经济法部门具有广泛的调整对象，我国没有一部称之为《经济法》的法律。提到"经济法"的概念，主要涉及的是法律部门。经济法部门的表现形式繁多，例如：

（1）关于经济活动主体的法律、法规，如公司法、个人独资企业法等。

（2）关于国家宏观调控的法律、法规，如财政法、中国人民银行法、商业银行法、个人所得税法、税收征收管理法等财政金融税收方面的法律规范性文件。

（3）有关市场秩序的法律、法规，如产品质量法、反垄断法、反不正当竞争法、消费者权益保护法等。

2.2.3.5　社会法

社会法是规范劳动关系、社会保障、社会福利和特殊群体权益保障等方面的法律规范的总和。社会法是在国家干预社会过程中逐渐发展起来的一个新兴的法律部门，调整的是政府与社会之间、社会不同部门之间的法律关系。社会法的主旨在于保护公民的社会权利，尤其是保护弱势群体的利益，促进社会公平、公正。

社会法包括两方面：一是有关劳动关系、劳动保障和社会保障方面的法律，可称之为劳动与社会保障法，主要规范性文件包括劳动法、劳动合同法、工会法、矿山安全法、安全生产法、职业病防治法、就业促进法、社会保险法等；二是有关特殊社会群体权益保障方面的法律，如残疾人保障法、未成年人保护法、预防未成年人犯罪法、妇女权益保障法、老年人权益保障法、红十字会法等。

2.2.3.6　刑法

刑法是规定犯罪和刑罚的法律，是当代中国法律体系中一个基本的法律部门。刑法是具有最高强制性的法律，是其他法律有效实施的后盾，是国家和社会同违法犯罪行为作斗争的最重要的、最后的手段。

刑法这一法律部门中，占主导地位的规范性文件是《中华人民共和国刑法》这部刑法典和全国人大常委会关于刑法的九个修正案等内容。

2.2.3.7 诉讼与非诉讼程序法

诉讼与非诉讼程序法是规范解决社会纠纷的诉讼活动和非诉讼活动程序的法律规范的总和。在法治国家中，人们解决纠纷主要有两种途径，一种是"诉讼"，就是"打官司"，由司法机关对纠纷进行审理，做出判决；另外一种就是通过仲裁，由非司法机关的第三方，即仲裁机构对纠纷进行审理，作出裁决。

诉讼法又称诉讼程序法，是有关各种诉讼活动的法律，它从诉讼程序方面保证实体法的正确实施，保证实体权利、义务的实现。诉讼法这一法律部门中的主要规范性文件为刑事诉讼法、民事诉讼法和行政诉讼法。同时，律师法、法官法、检察官法、监狱法等法律的内容也可以归属于这个法律部门。

仲裁，在我国主要包括《中华人民共和国仲裁法》、《中华人民共和国劳动争议调解仲裁法》、《中华人民共和国农村土地承包经营纠纷调解仲裁法》。

2.3 法治观念

2.3.1 法治的概念

【案例 2-3】 在德国柏林西南郊外的波茨坦小城有一座建于 17 世纪的桑苏西宫，是历史上普鲁士大公国国王的行宫。1886 年的一天，凯旋归来的普鲁士国王威廉一世来到桑苏西宫。这位国王登高远眺波茨坦的全景，视线却被紧挨宫殿的一座磨坊挡住了，他认为磨坊有碍观瞻。他想以一种公道的方式解决，于是派人前去与磨坊主人协商，希望能够买下这座磨坊。不料，几次协商，均告失败。国王震怒，派人把磨坊拆了。谁知，第二天，磨坊主一纸诉状把国王告上了法庭。地方法院受理该案，并判决威廉一世败诉：擅用王权，拆毁由私人拥有的房屋，违犯了帝国宪法有关条款，应立即重建一座磨坊，并赔偿损失。威廉国王虽贵为一国国君，但拿到判决书也只能默然遵照执行。

讨论：国王与磨坊主的官司，这个故事对于学习法治的人来说，有哪些启发？

关于这个案例，不同的角度有不同的评论。从法律上看，既有对所有权的尊重，更有法治的精神——最高权力的王权，也要服从于法律，这就是法律至高无上的法治精神的理想。

"法治"一词，论者多多，难以统一。《牛津法律大辞典》对法治表述为："一个无比重要的，但未被定义，也不是随便就能定义的概念，它意指

所有的权威机构，立法、行政、司法及其他机构都要服从于某些法则。"一般认为，法治至少包含以下四层含义：

（1）法治是一种治国方略。治国方略就是治国的大政方针。"法治"就是指依法而治，依靠法律的理性和权威，强调法律在国家和社会治理中的至上地位。

（2）法治是一种法制模式。法制是法律制度的简称，是法律制度及其运行秩序的统称，属于法律的体系和架构层面；而法治则是依法治理的总原则和总理念。法治和法制最大的区别，在于后者无法排除人治的可能性。如果只有法制而没有法治，法制反而可能成为人治和专制的工具。反过来，法治的实现离不开法制，法治的实施必须建立在法制之上。法律制度越合理越完善，越有利于法治的实现。

（3）法治是一种法律至上的精神。法律具有极大的权威，法大于权、法大于人，任何人和机构都不得凌驾于法律之上。人们在法律面前没有特权，都是平等的。

（4）法治是一种社会理想。法治所追求的是一种理想的社会结构和秩序。我国社会主义核心价值观在社会层面的四个关键词"自由、平等、公正、法治"，其最终的实现有赖于法治社会的形成，也只有在法治社会中才可能实现真正的"自由、平等、公正"。

2.3.2 我国依法治国方略

2.3.2.1 我国依法治国方略的内涵

【知识链接】我国依法治国方略的产生

1997年9月，中共十五大报告提出，"进一步扩大社会主义民主，健全社会主义法制，依法治国，建设社会主义法治国家。"报告强调，依法治国，是党领导人民治理国家的基本方略，是发展社会主义市场经济的客观需要，是社会文明进步的重要标志，是国家长治久安的重要保障。

1999年3月，第九届全国人大二次会议上，"依法治国，建设社会主义法治国家"正式写入宪法修正案，将依法治国方略上升为宪法原则。

2012年11月，党的十八大报告强调依法治国是党领导人民治理国家的基本方略，法治是治国理政的基本方式。

依法治国，就是广大人民群众在党的领导下，依照宪法和法律规定，通过各种途径和形式管理国家事务、管理经济文化事业、管理社会事务，保证国家各项工作都依法进行，逐步实现民主的制度化、法律化，使这种制度和法律不因领导人的改变而改变，也不因领导人看法和注意力的改变而改变。它包括以下五方面的含义：

（1）依法治国的主体是人民群众。这既是由我国人民民主专政的国家性质决定的，也是由社会主义民主的本质决定的。

（2）依法治国的客体是国家权力和公共事务。国家权力必须依法而治，依法治国必须体现为人民群众的依法治权。国家事务、经济文化事业、社会事业等公共事务的管理，都必须依法而行。

（3）依法治国的根据是法律制度。依法治国首先是依宪治国，因为宪法是国家的根本大法，是治国安邦的总章程。

（4）依法治国的领导力量是中国共产党。中国共产党是中国特色社会主义的领导核心，这是历史和人民的选择，已经为我国宪法所确认。

（5）依法治国的目标在于实现人民民主。依法治国是实现国家长治久安、人民幸福安康的保障。

2.3.2.2 我国社会主义法治国家的基本特征

法治国家是与专制国家相对立的概念，是指依法治国所形成的理想状态，我国社会主义法治国家的基本特征，体现在以下几方面：

（1）人民主权。人民主权即由人民掌握国家的最高权力。人民主权是一个极为重要的政治原则和法律原则。人民主权是社会主义法治国家的政治基础。没有人民主权，便没有人民民主，没有人民民主就没有社会主义法治和法治国家。

（2）法律至上。法律至上是指法律在整个社会规范体系中具有最高的权威，任何社会活动主体都必须服从法律、遵守法律的规定，不能超越法律；任何权力都必须接受法律的约束。

（3）法制完备。法制完备表现为法律制度类别齐全、规范系统而无一遗漏。凡是应有法律制度调整的，均有法律制度调整；凡是应由法律制度调整的，均有恰当的法律制度调整；调整不同领域的法律制度应当相互衔接，有机协调；法律制度在执行、遵守、监督中的任何问题，均能在法律制度中获得解决的途径；法制有一个调节机制，能适当反映客观需要，进行有效的自我修正。

（4）依法行政。依法行政是指行政行为应当具有法律上的依据。行政行为的内容、形式、程序都应当依照法律的规定或要求进行。依法行政是国家行使权力的重要方式，是国家对社会进行管理的基本途径。行政能否依法进行，直接关系一个国家能否实现法治。依法行政是社会主义法治国家的重要标志。

（5）司法公正。在社会主义法治国家建设中，司法公正具有重要的意义。首先，司法公正是司法的最本质要求。如果裁决不公正，则作为正义的最后一道防线也不能发挥保障作用，那么法治的权威性就会受到严重损害。其次，司法公正是司法赢得群众信赖最基本的途径。再次，司法公正是社会发展的必然要求。

（6）权力约束。在权力的约束机制中，最有效的手段是法律制度。这主要由两个因素决定：一是任何权力的行使一般都以法律制度作为根据，并以法律制度作为权力行使的标准与模式；二是在制约权力的规范中唯有法律具有国家强制力作为保证的特点。

（7）权利保护。权利的实现受到两个方面的制约：一是权利受义务的制约；二是权利受权力的制约。法律是权利和义务的载体，权利和义务同等重要，保护权利更能调动人们在法律上的主动性和积极性，也更能使社会处于开放的、积极向上的状态。

（8）人权保障。人权是人所应当享有的权利。人权的权利范围与保护程度是一个国家进步与文明程度的表现，国家由非法治国家向法治国家的转换是人权内容与保护的一次飞跃。人权保障状况是法治国家与非法治国家的重要区别之所在。

（9）社会自治。在严格的法治状态之下，国家只管理自己应该管理的事务。社会要处于良性的运行状态，其必须与国家适度分离。该由国家管理的事项，国家及其机构必须担负起相应的责任，否则就是失职，有关的部门或机构就必须承担相应的法律责任。

2.3.3   法治中国

2014 年 10 月，中国共产党第十八届中央委员会第四次全体会议，审议通过了《中共中央关于全面推进依法治国若干重大问题的决定》，提出全面推进依法治国总目标：建设中国特色社会主义法治体系，建设社会主义法治国家。

2.3.3.1   中国特色社会主义法治道路

全面推进依法治国，就是要在中国共产党的领导下，紧紧围绕坚持和完善中国特色社会主义制度，深入贯彻中国特色社会主义法治理论，建设中国特色社会主义法治体系和法治国家。

中国共产党的领导、中国特色社会主义制度、中国特色社会主义法治理论，是中国特色法治道路的核心要义，是法治中国大厦的"三大基石"。

2.3.3.2   中国特色社会主义法治体系的内容

我国社会主义法治体系的内容，主要包括以下五个方面：

（1）完备的法律法规体系。完备的法律法规体系主要指的是继续完善已经建立的社会主义法律体系。

（2）高效的法治实施体系。高效的法治实施体系既包括宪法实施，也包括行政机关严格执法、司法机关公正司法，还包括全民（企事业单位、自然人）守法。

（3）严密的法治监督体系。严密的法治监督体系包括对执政党的执政权以及国家机关的立法权、执法权和司法权的监督体系，对违反宪法法律的行为予以追究的责任机制。

（4）有力的法治保障体系。有力的法治保障体系包括执政党的领导作为法治中国建设的政治和组织保障；法治专门队伍建设和机构经费保障作为法治中国建设的人才保障和物质条件；与法治中国建设相关的制度机制建设；在全社会形成良好法治氛围，完善守法诚信褒奖机制和违法失信行为惩戒机制，从而提供社会环境保障。

（5）完善的党内法规体系。党内法规，是党的中央组织以及中央纪律检查委员会、中央各部门和省、自治区、直辖市党委制定的规范党组织的工作、活动和党员行为的党内规章制度的总称。党内法规既是管党治党的重要依据，也是建设社会主义法治国家的有力保障。党内法规体系是中国特色社会主义法治体系的重要组成部分。

2.3.3.3　全面推进依法治国的总体布局

坚持依法治国、依法执政、依法行政共同推进，坚持法治国家、法治政府、法治社会一体建设。全面推进依法治国是一项庞大的系统工程，涉及国家治理、执政、行政等问题，涉及党、国家、公民等不同的行为主体，必须统筹兼顾、突出重点、整体谋划。

2.3.3.4　建设社会主义法治国家的总体目标

建设法治国家，就是要实现"科学立法、严格执法、公正司法、全民守法，促进国家治理体系和治理能力现代化"。

问题与测试

一、填空题

（1）法是_____制定或认可的，由_____保证实施的行为规范的总和。

（2）法的社会作用主要体现在_____和_____两大方面。

（3）法的运行，主要包括_____、_____、_____、_____和法律监督等环节。

（4）在我国，司法机关主要指_____和_____。

（5）2011年3月10日，全国人大常委会委员长_____宣布中国特色社会主义法律体系已经形成。

二、选择题

（1）我国的法律体系，是指以（　　）为统帅，法律为主干，包括行政法规、地方性法规、自治条例和单行条例在内的，由七个法律部门组成的统一整体。
　　A. 宪法　　　　　B. 民法　　　　　C. 行政法　　　　　D. 刑法

（2）中共十八届四中全会通过的《中共中央关于全面推进依法治国若干重大问

题的决定》提出，将每年(　　)定为国家宪法日。

  A. 十月二十日   B. 十二月四日

  C. 九月二十日   D. 九月三十日

(3) 包公对陈世美说：“你家中已有妻室儿郎，又娶公主成为驸马，犯有重婚罪。”但陈世美拒不悔改认罪，被刀铡而死。这个故事在中国社会生活中流传很广，寓意深刻。你认为，这一法律现象体现了法的(　　)作用。

  A. 教育和预测作用   B. 指引和规范作用

  C. 指引和教育作用   D. 指引和强制作用

(4) 中共十八届四中全会提出，法律的权威源自(　　)。

  A. 人民的内心拥护和真诚信仰   B. 科学立法

  C. 依宪执政   D. 司法公正

(5) 中共十八届四中全会提出，全面推进依法治国，要实现(　　)。

  A. 民主立法、公正执法、公正司法、全民守法

  B. 科学立法、严格执法、公正司法、全民守法

  C. 民主立法、严格执法、透明司法、全民守法

  D. 科学立法、透明执法、公正司法、全民守法

三、判断题

(1) 一切违反宪法的行为都必须予以追究和纠正。(　　)

(2) 我国已经建成社会主义法律体系。(　　)

(3) 执法的关键是行政机关要依法行政。(　　)

(4) 法是统治阶级所有人员意志的相加。(　　)

(5) 我国宪法规定全国人大及其常委会行使国家立法权。(　　)

四、案例分析题

  目前，很多跳广场舞的场地往往是毗邻居民区的公园或广场，广场舞的火热也引来部分市民的怨言与争论。

  材料1：“我们老年人跳跳舞，怎么的了！”“跳广场舞也不能不管不顾吧！”。

  材料2：家住北京昌平区的施某，因不堪忍受邻居跳广场舞所放音乐声音太大，持猎枪朝天鸣枪，并放出所养藏獒驱赶跳舞人群。后施某因涉嫌非法持有枪支罪归案受审。

  材料3：2014年由西安市第十五届人大常委会制定，并经陕西省第十二届人大常委会通过的《西安市环境噪声污染防治条例》，相关条款如下：

  第十五条　商业经营场所和营业性文化娱乐场所的经营者，应当加强对经营活动中产生噪声的管理和控制，防止产生噪声干扰周围环境。

在商业经营活动和营业性文化娱乐活动中，不得使用高音喇叭、大功率音响器材或者采用其他发出高噪声的方法招揽顾客。

第十七条　在噪声敏感建筑物集中区域及其附近的街道、广场、公园，二十一时至次日七时期间进行宣传庆典、文化娱乐、体育健身等活动，不得使用音响、抽打陀螺、甩响鞭等方式产生环境噪声影响周边居民正常休息。在其他时间进行上述活动的，所产生的环境噪声不得超过区域环境噪声排放标准。

第五十二条　违反本条例规定，有下列行为的，由城管执法部门责令改正，给予警告；警告后拒不改正的，对单位处五百元罚款，对个人处二百元罚款：

（一）违反本条例第十五条第二款规定，在商业经营活动中使用高音喇叭、大功率音响器材或者采用其他发出高噪声的方法招揽顾客的；

（二）违反本条例第十七条规定，在街道、广场、公园，开展宣传庆典、文化娱乐、体育健身等活动中，使用音响、抽打陀螺、甩响鞭等方式，产生噪声影响周边居民正常休息的。

请根据所学法治理论，回答下列问题：

（1）"我们老年人跳跳舞，怎么的了！""跳广场舞也不能不管不顾吧！"对于这种针锋相对的观点，你作何评价？

（2）施某认为广场舞的噪声不能忍受，他有权用"朝天鸣枪"、"放出藏獒"等措施纠正他人行为吗？

（3）西安市的《西安市环境噪声污染防治条例》，属于什么性质的文件？

（4）你认为西安市制定的《西安市环境噪声污染防治条例》，体现的是什么样的职能？

（5）你对西安市采取这种方式治理广场舞的做法，有什么看法？

3 法治思维

3.1 法治思维概述

3.1.1 法治思维的含义

【案例3-1】2013 年 6 月 19 日上午 10 时许,在马鞍山市某处,因家庭琐事发生纠纷,杨某之子持砖将其父驾驶的轿车挡风玻璃砸碎后,驾车离开。随后杨某之子发现父亲驾车尾随,心生不满,遂倒车撞向父亲驾驶的奔驰车。之后,双方不顾过往车辆和行人的安危,在马鞍山市雨山路上驾车相互追逐、撞击,直至车辆熄火,车辆损坏严重,父子俩弃车离开现场。

杨氏父子二人故意持续撞车,导致路口瞬时有 20 余辆车被堵塞,行人和非机动车纷纷予以躲避,严重危害了公共安全。

事发后,杨某之子投案自首,杨某被抓捕归案。

2013 年 10 月 8 日,马鞍山市花山区人民法院根据两被告人犯罪情节、悔罪表现等情节,最后以"以危险方法危害公共安全罪"判处杨某有期徒刑三年,缓刑三年;判处杨某的儿子有期徒刑一年零六个月,缓刑一年零六个月。

父子之间,家务纠纷,实属平常。然而,怄气斗狠,当街相撞,无视公共秩序、无视他人生命,视法律为儿戏,已非父子之间私事,摊上"大事",悔之晚矣!人的行为是思维活动的结果。如果有法治思维,事先考虑到行为后果会对社会公众的安全造成危害,就不会在公共场所撞车怄气;如果事先考虑到行为后果会给自己带来牢狱之灾,也不大可能会发生如此荒唐之事。

法治思维是指一种法治化的思维,是以法治价值和法治精神为导向,运用法律原则、法律规则、法律方法思考和处理问题的思维模式。

3.1.2 法治思维的主体

法律的运行包括立法、执法、司法、守法和法的监督等环节,无论是"官员"或者说国家的公职人员，还是普通的社会成员，每时每刻都在与"法"或者"法律"打交道，每一个人的思维方式和思维活动，都决定着其具体行为，影响着一个国家法律的运行状态，关系着法律的权威。法治思维就存在于我们每个人的工作、生活之中，决定着每个人的行为举止。因此，法治思维的主体不是仅仅指政府官员或者国家干部，而是指每一个社会成员。

法治思维的有无强弱决定着人们采取什么方式解决争议和纠纷。"有事上法院"还是"有事找关系"，"证据说话"还是"直觉说话"、"感情说话"，"法律衡量"还是"道德评判"，所有这些，都影响一个国家的法律体系在现实生活中是否能够得到贯彻。因此，没有法治思维，就没有法律行为，法治思维关系到社会关系的调整，关系到一个社会法律的权威！

3.1.3　法治思维与人治思维的区别

要理解法治思维，就必须注意其与人治思维的区别。这主要体现在以下方面：

（1）在治理依据上，法治思维认为国家的法律是治国理政的基本依据，处理法律问题要以事实为根据、以法律为准绳；而人治思维的本质是人高于法或权大于法，主张凭借个人尤其是领导人的个人魅力、德性和才智来治国平天下，主要强调的是依靠个人的能力和德行治国理政。

（2）在治理方式上，法治思维以平等方式调节社会关系，解决矛盾纠纷，坚持法律面前人人平等的原则，具有稳定性和一贯性；而人治思维则漠视规则的普遍适用性，按照个人意志和感情进行治理，以言代法、言出法随、朝令夕改，具有极大的任意性和非理性。

（3）在治理决策上，法治思维强调集中社会公众的意志来进行决策和判断，是一种"多数人之治"的思维；而人治思维是个人说了算的专断集权思维。

（4）在评判标准上，法治思维与人治思维的分水岭不在于有没有法律或者法律的多寡与好坏，而在于最高的权威是法律还是个人。

3.2　法治思维的特征

3.2.1　法治思维是合法性思维

【案例3-2】2013年4月12日早自习时，被告人燕某与同校高一232班学生毕某发生矛盾。当日中午，毕某同班好友李某找到被告人燕某要求其向毕某赔礼道歉，双方再次发生口角。在宿舍楼道内，被告人燕某用墩布杆将李某头部右侧打伤。

案发后，燕某家长来到学校，表示：不就是小孩子们闹着玩、打架吗，没什么大不了的，哪有孩子不打架的，赔点钱不就得了嘛！老师您说吧，赔多少钱合适？

李某的家长认为自己的孩子受伤严重，于是向派出所报案。经司法鉴定，被害人李某的伤情为重伤。被告人燕某，也主动到公安机关投案。

期间，燕某家长与李某家长协商，同意赔偿被害人李某各项损失人民币80000元，并且燕某取得被害人谅解。

虽然双方达成赔偿协议，怎奈事件情节严重，已属刑事公诉案件，花钱也未能平息本案。此案由广宗县人民检察院向广宗县人民法院提起公诉。

经审理，广宗县人民法院依照刑法有关规定，以"故意伤害罪"判处被告人燕某有期徒刑一年，缓刑一年。

本案系典型的校园暴力犯罪事件，同学之间发生矛盾在所难免，理应冷静处理。个人采取的任何措施，都应事先以法律尺度来衡量，在法律允许的范围内行事，才能真正地解决问题。以暴制暴或者采取其他非法的手段，不但解决不了问题，反而会使自己的麻烦越来越大。案例3-2中被告人燕某不能冷静处理与同学之间的矛盾纠纷，故意伤害他人身体，致人重伤，已构成故意伤害犯罪。其虽有自首、赔偿被害人经济损失、取得被害人谅解且犯罪时系未成年人等酌情情节，但终究获刑，成为一生的污点。

燕某的家长认为小孩子闹着玩儿没什么大问题；金钱能解决一切，赔钱就没事了；学校、派出所高抬贵手，就没事了；双方私了，别人就管不着了。家长丝毫没有认识到，此事已经触犯刑律，属于刑事公诉案件的范畴，赔偿属于量刑情节，不能消弭此事。总的来说，燕某及其家长都没有从法律的角度考虑问题，缺乏法治思维。

法治思维是一种合法性思维。其核心要义就是合法性判断，在分析、考虑、选择解决问题方法的过程中，首先考虑解决方法是否具有合法性的问题。任何社会成员，参与社会生活，都应把自己的行为限定在法律允许的范围内，对于执法者、管理者、领导干部来说，就是要依法办事，"要把权力关进制度的笼子里"，不得滥用权力。对于一般的社会成员来说，就是要遵法守法，不滥用自己的权利。

行为合法，是法治社会对人们提出的普遍性要求。法律是一种以国家强制力保证实施的行为规范，具有最普遍的适用性，也是社会对人们提出的最起码的要求。法律是社会行为的底线，触犯法律就应承担相应的责任。在社会生活中，可以有各种各样的规范，可以有各种各样的思维模式，但唯有法律规范最严厉，唯有法治思维最关键。

合法性思维的主要内容与要求，就是行为的目的要合法、行为的权限要合法、行为的内容要合法、行为的手段要合法、行为的程序要合法。

法治社会，要养成一个习惯：问一问自己，"这样做，合法吗？"

3.2.2　法治思维是规则性思维

【课堂活动】画圆

请两位学生到黑板前，一位徒手、另一位借助尺子和圆规，任务都是画一个正方形和一个圆形。

思考：观察比较他们的画有什么不同？这种差异可以用我国的哪句古训说明呢？

没有规矩，不成方圆。在社会生活中，规则、规矩多种多样，有纪律规范、道德规范、法律规范、宗教规范等，其中法律规范具有最高的权威性。其他规范，都不得与法律规范相抵触，法律是处理社会关系、治理国家的根本规则。

法治思维是以法治原则和法律规则为依据指导人们的社会行为的，是一种规则性思维。规则具有确定性、稳定性、可预见性、可执行性等特点。法律规则通过行为条件的假设、行为模式的描述以及法律后果的预先设定，告诉人们哪些可以为（权利）、哪些不可以为（义务），应该如何为（程序），以及为或不为一定行为可以预期的法律后果（后果）。

法治思维作为规则性思维，强调规则意识，实现对规则的尊重和敬畏。要求社会生活中努力做到：

（1）凡事都要有规则。没有规则，就没有对权利的保障；没有规则，就没有平等的竞争；没有规则，人们就不知道自己能干什么、不能干什么，应该干什么、不应该干什么；没有规则，就会导致为所欲为，社会就会失去秩序。法治社会的根本特征，就是法制完备，社会生活的方方面面都处于法律的调整之中，明确规矩，形成秩序。

（2）凡事都要先立规矩，也就是先立规矩后办事。法是效力最高的规矩，规则性思维首先要求有法可依。有了规则，才能使人有行为的方向，才可能对人有明确的要求。这是实现法律的指引功能的要求与体现。

（3）凡是规则必须公开。规则是以人们的遵守来实现其价值的，是以人们的自觉遵守来作为实现功能的最佳途径的。在现代社会，公开是法律具备法律效力的一个基本条件。制定好的规则，让人们知晓，便于人们根据法律规定对自己的行为做出取舍，趋利避害，依法而为。

（4）凡事都要遵守规则。社会成员要形成"要办事，先找法"、"要做事，先看法"、"要行为，先立法"的思维，努力做到自觉遵守法，遇事找法，解决问题靠法。

（5）必须维护规则的权威。法律是社会最严厉、最具权威的规则，要树立法律至上的思维，确立和增强法律的权威。法律至上，首先应当是宪法至上。树立宪法至上的思维是法治规则性思维的第一要义。坚持依法治国首先要坚持依宪治国，坚持依法执政首先要坚持依宪执政。

3.2.3　法治思维是权利义务思维

【案例3-3】"中国式过马路"，在网络上被定义为"凑够一撮人就可以走了，和红绿灯无关"。这种现象在社会中确实比较普遍。那种"法不责众"的心态、"人家都过去了，自己还傻等着干嘛"的心理被描绘得恰如其分。这种现象，确实让人深思！

讨论：（1）你遇见过类似交通现象吗？

（2）对于道路交通拥挤、无序的现象，你有怨言吗？

（3）作为行人，你希望自己的人身安全得到保障吗？

（4）你闯过红灯、跨过隔离栏吗？

（5）你认为，交通秩序的维护需要哪些人来实现？

《中华人民共和国道路交通安全法》对所有交通参与者的权利义务有明确的规定。行人、非机动车、机动车均应各行其道、遵章守纪，只有这样才能改善交通秩序，减少事故隐患，实现道路安全畅通；也只有这样才符合大多数人的利益和要求，才能实现交通参与者的权利保护。然而，权利需要保护，你的义务——遵守交通规则，也应该履行。

权利和义务是法律关系的关键要素，是判断是非对错的重要标准。

法治思维是权利义务思维，其实质就是从权利和义务角度观察、分析、处理问题，通过权利和义务的运行，实现法的指引、评价、预测、教育、惩罚功能。一方面，法治思维以界定、分析权利义务为主线。其实质就是不断界定、分析权利义务关系，确定谁有权利、谁有义务及其权利和义务的限度。另一方面，法治思维具有推定特性。制约权力、保障权利是法治的主线。权利问题上，凡法律所不禁止的，便应推定是公民的权利。权力问题上，凡法律未明确授权的，都应推定为不得行使。

权利义务思维的意义，一是使人们知道可以做什么、应当做什么、不能做什么；二是使人们对行为后果有明确的预期；三是在遇到矛盾和纠纷的时候，当事人和裁判者能够找到共同的评判标准。

法律上的权利和义务是对立统一的两个方面，一方享受权利有赖于另一方履行义务，否则其权利就不可能实现。要求权利必须得到保护、义务必须得到履行；权利可以放弃，义务不得处置。那种只享受权利而不愿承担义务的想法，不是法治思维应有的内容。因此，十八届四中全会《决定》提出要"牢固树立有权力就有责任、有权利就有义务观念。……使遵法守法成为全体人民共同追求和自觉行动。"

权利义务思维要求权利（权力）不能滥用。所谓被滥用的权利，就是超出法律界限的权利，不是法律所确认和保护的权利。它既包括公权力的滥用，也包括公民权利的滥用。任何权利的行使，都有其法定的条件，权利（权力）不得滥用。自己行使权利，不得影响、侵害他人合法权利行使。

公民的权利义务是宪法、法律明确规定的事情，保护公民的权利，就必须牢固树立法律的权威、特别是宪法的权威。公民的权利，非依法定程序不可剥夺。任何随意剥夺公民权利的行为都是侵权的、违法的行为。

3.2.4 法治思维是公平公正思维

【案例3-4】2017年4月19日，郓县41岁的农妇程某和部分村民在镇政府咨询拆迁问题时，在政府大院吵闹，扰乱政府正常工作秩序达5小时。郓县公安局认为其行为扰乱了公共秩序，遂于4月20日晚依法传唤程某至郓县公安局某派出所。4月21日凌晨3时许，民警交给程某一份《公安行政处罚决定书》（以下简称《处罚决定》），并将程某送到拘留所，行政拘留8天。

从拘留所出来后，程某发现21日凌晨民警交给她的这份《处罚决定》并没有盖章，遂一纸诉状将郓县公安局告上法庭，请求法院判令郓县公安局对其实施行政行为时程序违法。

法庭上，郓县公安局承认确因疏忽而未在《处罚决定》上加盖公章，但"在对原告程某进行传唤时，出示了警官证和传唤证，传唤证上有原告的签名，对原告实施拘留后，已经履行了通知义务"，因此作出的处罚决定行政主体合法，认定事实清楚，程序合法，适用法律正确。

本案一方是普普通通的拆迁农民，另一方是具有执法权力的公安局，谁将赢得这场官司？类似的"民告官"事件，往往引人关注。原因不在于案件事实本身，而在于双方的地位悬殊。一方是"民"，一方是"官"；一方是管理者，一方是被管理者、行政管理相对人。虽然法律上规定双方具有平等的诉讼地位和权利，但结果呢？

法院认为，郏县公安局将没有加盖印章的《处罚决定》送达给程某，并对原告执行行政拘留 8 日的处罚，其行为违反了《中华人民共和国治安管理处罚法》的相关规定，因此，判定被告郏县公安局作出的《处罚决定》不符合法定的形式要件，该行政处罚决定无效，予以撤销。

公平公正是指社会的政治利益、经济利益和其他利益在全体社会成员之间合理、公平的分配和占有。一般来讲，公平公正主要包括权利公平、机会公平、规则公平和救济公平。

权利公平包括三重含义：一是权利主体平等，国家对每个权利主体一视同仁、平等对待，体现在市场主体上，就是内外资企业之间的平等、不同所有制企业之间的平等；二是享有的权利特别是基本权利平等；三是权利保护和权利救济平等。

机会公平，是指公平公正不是机械的、简单的结果上的平等，不是"均贫富"，而是强调机会的均等，是指通过一种体制、机制和规则，让社会成员平等地享有参与社会生活、社会活动的权利和资格。公务员、事业单位用人制度改革，实行公开招考制度，通过笔试、面试等环节选拔优秀人才，但只能是头筹得中，这些就是机会公平的体现。

规则公平，其含义是：

（1）规则的制定必须经过一个严谨的、公开的过程，便于汇集民意、接受监督。在一个组织内部，规则不能是"一个人说了算"。在国家层面，制定法律规则，更是如此。现实中很多法律在制定过程中，都会将草案公之于众，广泛征求意见。

（2）规则的内容应当不偏不倚，属于"善法"。公之于众，采纳四方，也是为了保证规则的公正性。

（3）规则对任何人都是平等的，不能有例外。规则是一个宽泛的概念，包括所有的法律、制度、政策、规定等。规则不公开、超越了规则，形成"潜规则"和"特权"，就会严重破坏公平。

法治的核心灵魂就是制定出规则以后，大家在规则面前一律平等，不论职位高低，不论贫富，都不能有特权，权不能大于法，个人不能凌驾于法律之上。

3.2.5 法治思维是程序性思维

案例 3-4 表明，根据《中华人民共和国行政处罚法》、《中华人民共和国治安管理处罚法》等法律规定，执法人员当场作出行政处罚决定的，应当向当事人出示执法身份证件，确认违法事实，说明处罚理由和根据，制作行政处罚决定书，这是对行政处罚决定的书面形式要求，其目的在于为行政处罚接受监督和审查提供证据。在本案例中，郏县公安局民警因为疏忽未加盖印章，导致其整个执法行为被法院认定不合法，最终输了官司。对于行政执法来说，重事实、轻程序，实属大忌。行政执法，要求职权法定，越权无效、违法程序无效。程序违法，也是违法，不可小觑！

法治思维是一种程序性思维，意思是说无论是民间的平常事，还是治国理政的大事，都需要按照一定的程序去做。其意义在于，一是只有依程序办事，才能避免和克服各种非法因素的影响和干扰，防止主观任性、克服随意性；二是只有严格按照法律规定的程序办事、办案，才可能使处理结果更让人信服，更有说服力和公信力；三是体现决策的科学化、民主化和法治化。执行公开的程序，在阳光下运行的权力，能够更好地保证实体权利的公平公正。

程序思维的实质是防止权力的恣意滥用，任何问题都要按照法定程序来解决，以此来保证法律的最高权威和程序参与者的平等参与权、受到公正的待遇和合理选择的权利。

违反法定程序的行为是违法行为。程序违法也是违法。一个合法行为不仅本身内容要合法，而且行为实施的先后顺序也要按照法律的相关规定，否则，违背了程序规定，即使行为结果相同，其行为也不具有合法性。

程序性思维，既可维护自身权益、提高办事效率，又有利于推动社会的公平正义。

我们在社会生活中，想问题、办事情的过程中要依照规则确定的程序办事，不能走"捷径"。"托关系"、"走后门"，试图用"人情关系"代替程序，这种无视程序的行为是对依法依规办事、按程序办事的最大威胁。中职生是成长中的新生力量，是国家的未来和希望，不能落入庸俗的"关系网"，要杜绝法不责众的侥幸心理，养成遵章守纪、按程序办事的好习惯。

问题与测试

一、填空题

（1）在治理依据上，法治思维认为_____是治国理政的基本依据，人治思维则强调依靠_____。

（2）合法性思维的核心要义就是_____判断。

（3）法律至上，首先应当是_____至上。

（4）权利义务思维的实质，就是从_____角度观察、分析、处理问题。

（5）公平公正主要包括_____、_____、_____和救济公平。

二、判断题

（1）中职生要用合法性来分析思考问题，判别是非，明确对错。（　　　）

（2）权利义务是法律关系的关键要素，是判断是非对错的标准。（　　　）

（3）培养依法行事的能力是法治思维的外在行为表现。（　　　）

（4）中职生应该增强法治意识，树立法治信仰。（　　　）

（5）法治思维的主体只能是执法机关。（　　　）

三、选择题

（1）关于法治思维的叙述，错误的观点是（　　　）。

　　A. 法治思维是人的先天禀赋

　　B. 法治思维是法律关系建立和巩固的基石

　　C. 法治思维强调法律面前人人平等

　　D. 法治思维强调在决策问题上的公众意志

（2）关于法治思维的论述，正确的观点是（　　　）。

　　A. 普通老百姓只要守法即可，无需法治思维

　　B. "托人找关系"是法治思维的一种表现

　　C. 法治思维是以道德为核心的思维方式

　　D. 法治思维强调法律的权威

（3）关于合法性思维的论述，错误的观点是（　　　）。

　　A. 合法性思维要求"把权力关进制度的笼子"

　　B. 合法性思维实际上是一种谨慎思维

　　C. 合法性思维的核心要义是合法性判断

　　D. 合法性思维要求一切法律都不可改变

（4）关于规则性思维的论述，错误的观点是（　　　）。

　　A. 法治思维是一种规则性思维

　　B. 规则性思维要求凡事都要有规则

　　C. 规则性思维也是合法性思维

　　D. 只要规则不能满足领导的需要，就应改变规则

（5）下列说法中错误的是（　　　）。

　　A. 法治思维是公平公正思维　　　　B. 法治思维要求权利公平

　　C. 法治思维要求机会公平　　　　　D. 法治思维要求结果完全相同

四、案例分析题

2002年6月21日，天津市和平区人民法院对引起社会各界广泛关注的"被告人章某勒死亲弟弟案"做出一审判决——以故意杀人罪判处章某有期徒刑3年。

被告人章某之胞弟章华（化名）平素以酒为伍，习性恶劣，经常对其母进行辱骂、恐吓和殴打，致使其母身心备受摧残。2002年1月7日下午，章华在家中大量饮酒后，又持续对其母进行辱骂、殴打。章某劝阻无效，反遭章华殴打，双方扭在一起。章某掏出一条红色腰带套在章华的颈部，直至其窒息死亡。章某让其姐姐打电话报警，归案。

法院认为，被害人章华长期以来对其母亲殴打、辱骂、恐吓，给章某一家带来巨大的痛苦，确应受到公众的谴责。但生命权作为公民的最基本权利受法律保护。章华的过错不应成为章某滥用私刑、故意杀人的理由。章某的行为已构成故意杀人罪。鉴于被害人章华长期恐吓、辱骂、殴打其母，是章某将其杀死的直接动因，章某是出于义愤杀人，依照法律规定属于情节较轻的故意杀人。而且，章某在案发后让其姐姐打电话报警，可视为投案自首，依法可从轻处理。

问题：（1）你认为章华对其母亲实施的行为，是什么性质的行为？

（2）章某勒死章华的行为是正当防卫吗？

（3）章华的忤逆行为令人气愤，法律怎么还保护恶人的生命权利？

（4）章华的忤逆行为令人气愤，人人皆可诛之！对吗？

（5）俗话说"杀人偿命，欠债还钱"。但本案中章某却只被判刑3年，情与法、道德与法律的关系处理，你怎么看？

模块2　校园法治实践

4 校园暴力问题

4.1　校园暴力概述

4.1.1　校园暴力的概念

校园暴力是指发生在校园，由老师、学生或者校外人员实施的，对老师、学生的身体、精神或者学校其他利益造成严重损害的暴力侵害行为。人们有时又把校园暴力分为校园暴力犯罪和校园欺凌。

校园暴力犯罪，即在校园或周边发生的具备犯罪特征的暴力行为。只要这种行为的发生、过程、结果中有一项发生在校园，即可归类于校园暴力犯罪。此处所讲的校园暴力犯罪，其特征表现为一是发生在校园及其相关区域；二是受害者以在校学生为主要对象；三是施暴者主要是与受害者具有相同或相似的学生身份的人。

校园欺凌，是指"发生在学生之间蓄意或恶意通过肢体、语言及网络等手段，实施欺负、侮辱造成伤害"的行为。校园欺凌行为，在一定的条件下可能转化为校园暴力犯罪。

需要注意的是，"校园暴力"、"校园欺凌"，不是严谨的法律概念，在很多时候，"校园暴力"与"校园欺凌"的概念是通用的。

4.1.2　校园暴力的行为表现

一般而言，校园暴力主要包括身体欺凌、言语欺凌、社交欺凌和网络欺凌等形式。

（1）碰一下、踩下脚、碍点儿事，小事不忍，从争吵、相互攻击发展到斗殴。

（2）因为"逗急了"、"玩笑开大了"、"丢面子了"、猜忌怀疑等采取暴力报复行为。

（3）充"老大"、想"扛旗儿"、"拔闯儿"，拉帮结派、聚众闹事、打群架。

（4）恃强凌弱，强拿硬要，收保护费，不给就威胁、打人。

（5）依仗强势，经常性地驱使他人为自己打水、做卫生，让人替自己买饭不给钱。

（6）在宿舍里，往他人的衣柜、饭盆里偷放异物，使人受到威胁、缺乏安全感。

（7）采取强制或隐蔽的方式把他人的隐私公布于众的。

（8）故意在众人面前用言语、动作、行为等羞辱、侮辱他人的。

（9）无事生非，找茬生事，殴打、辱骂他人，等等。

4.1.3 校园暴力的危害

（1）对于受害的学生，阴霾难以散去。校园暴力的受害者，在身体上、精神上受到极大的伤害。受害学生受了欺负，有的不敢吱声，有的精神恍惚、抑郁成疾、学业下降，有的被迫提出退宿、退学。

（2）对于施暴的学生，后患难以预料。施暴学生不仅伤害了别人，而且也伤害了自己。例如，害怕事发而惶惶不可终日；事发后，受到老师、家长的训斥、批评；受到纪律处分，影响自己的名誉；总是欺负人、小错不断，最终把自己的人生引向黑暗；"好事不出门，坏事传千里"，触犯法律，留下污点，影响更是难以消除。

（3）对于双方的家庭，生活难以平静。孩子是家庭的希望，每一位家长都希望自己的孩子平安、幸福、快乐。一旦发生校园暴力事件，作为法定监护人的父母们的心情是旁人难以体会的。心痛孩子"吃亏"挨打的、担心孩子"惹事"被开除的，每一位家长都是愁眉苦脸，烦恼不已。

（4）对于所在的学校，名誉损害严重。校园暴力，打破了校园的和谐、安宁，严重影响学校的教育教学秩序，也破坏了学校在社会中的声誉。

校园暴力、校园欺凌引发社会高度关注。2017年4月，李克强总理在研究部署加强中小学幼儿园安全风险防控体系建设工作时强调，"校园应该是最阳光、最安全的地方！""要建立防控校园欺凌的有效机制，及早发现、干预和制止欺凌、暴力行为，对情节恶劣、手段残忍、后果严重的必须坚决依法惩处。"

4.2　校园暴力的责任

【案例 4-1】2016 年 12 月 16 日下午放学，某中职学校二年级学生张某（17 岁）伙同本班五名同学殴打本校一年级学生刘某，致使刘某嘴角出血、面部、胳膊等多处淤青。该事件后经学校调查，其矛盾源于前一天中午在学校饮水间打水时刘某插队，张某言语制止，刘某不听劝告，发生口角。张某气愤不平，与本班同学讲了此事，众人决定在周五放学时给刘某点颜色看看。事后张某、刘某及另外五位参与打架的学生家长到校，经学校主持调解，达成一致意见：

（1）医药费由负主要责任的张某承担 50%，其余 50% 由参与打架的五位学生共同承担；

（2）张某等参与打架者向刘某赔礼道歉；

（3）参与打架的张某等人，必须接受学校给予的纪律处分。

就本案例来看，由于都是同校同学，因为琐事引发纠纷，且打人者认错态度较好、积极承担受害者的医药费、赔礼道歉，所以对张某等实施群殴行为是按照违反学校纪律行为处理的。虽然事情处理告一段落，但刘某心理伤痕的弥合还需时日，而张某等人身负处分也使得其需谨慎而行。学生之间的打架、打群架行为，是最典型的校园暴力行为。校园暴力行为在性质上可以分为违纪行为、违法行为和刑事犯罪三种类型；根据其危害程度，其后果存在民事责任、纪律处分、行政处罚、刑事惩罚几种形式。

4.2.1　民事责任

民事责任是指民事主体不履行民事义务，侵犯他人合法权益，依照民法应当承担的法律后果。例如，通过要求违法行为人承担民事责任，可以恢复受损害人的民事权利，制裁和惩戒违法行为人。根据民事责任产生的原因，民事责任主要分为违约责任和侵权责任。

校园暴力涉及的民事责任主要是侵权责任。

侵权责任是指行为人侵犯其他民事主体的权利所应承担的民事责任。侵权责任是因为实施侵害他人的人身、财产等民事权利的行为而应依法承担的责任，既是法律对不法行为的一种制裁和处置，也是法律对被侵害人合法权益的救济和损失补偿。

《中华人民共和国侵权责任法》第十五条规定，承担侵权责任的方式主要有：停止侵害；排除妨碍；消除危险；返还财产；恢复原状；赔偿损失；赔礼道歉；消除影响、恢复名誉。以上承担侵权责任的方式，可以单独适用，也可以合并适用。

对于侵害他人造成人身损害的，应当赔偿医疗费、护理费、交通费等为治疗和康复支出的合理费用，以及因误工减少的收入。造成残疾的，还应当赔偿残疾生活辅助具费和残疾赔偿金。造成死亡的，还应当赔偿丧葬费和死亡赔偿金。

4.2.2 纪律处分

任何学校都有纪律，都把校园暴力行为视为严重违纪行为并予以最严厉的处分。

在高中教育阶段，教育行政部门授权学校可以对特殊的学生给予开除学籍处分。中等职业教育属于高中教育阶段，学校拥有对严重违纪学生给予开除学籍处分的授权。教育部印发的《中等职业学校学生学籍管理办法》（教职成〔2010〕7号）第三十条规定："学校对于有不良行为的学生，可以视其情节和态度分别给予警告、严重警告、记过、留校察看、开除学籍等处分。"

对有严重不良行为的未成年人，不适合在普通学校学习的，送交专门学校（工读学校）教育。《中华人民共和国预防未成年人犯罪法》第三十五条规定："对有本法规定严重不良行为的未成年人，其父母或者其他监护人和学校应当相互配合，采取措施严加管教，也可以送工读学校进行矫治和接受教育。对未成年人送工读学校进行矫治和接受教育，应当由其父母或者其他监护人，或者原所在学校提出申请，经教育行政部门批准。"

4.2.3 行政处罚

【案例4-2】假设案例4-1中的施暴者张某等人缺乏对问题严重性的认识，不积极承担赔偿责任，导致学校调解不成，受害者刘某及其家长向公安派出所报案。经鉴定，刘某属于轻微伤。张某等人是否会受到更为严厉的制裁？

张某等人殴打他人、故意伤害他人身体、侵犯他人的人身权利，是违法行为。被害人刘某属于轻微伤，没有造成严重后果，故张某等人殴打他人的行为属于一般违法行为。根据《中华人民共和国治安管理处罚法》的规定，扰乱公共秩序，妨害公共安全，侵犯人身权利、财产权利，妨害社会管理，具有社会危害性，尚不够刑事处罚的，由公安机关依照本法给予治安管理处罚。这种治安管理处罚是公安机关依法对违反治安管理法律、法规，尚不构成犯罪的公民、法人或其他组织实施的一种行政制裁。

就本案分析，由于都是在校学生，同校同学，缘出琐事，主观恶性不深，危害结果没有达到严重程度，如果张某等人主动赔礼道歉、积极赔偿对方医药费、安抚他人的伤痛、认错态度较好、达成调解协议的话，其可能在接受公安机关的训诫之后免于治安行政处罚。但如果调解达不成协议或者达成协议后张某等人不积极履行的话，张某等肇事者就很可能受到公安机关的行政处罚。

【法条链接】《中华人民共和国治安管理处罚法》（节选）

第八条　违反治安管理的行为对他人造成损害的，行为人或者其监护人应当依法承担民事责任。

第九条　对于因民间纠纷引起的打架斗殴或者损毁他人财物等违反治安管理行为，情节较轻的，公安机关可以调解处理。经公安机关调解，当事人达成协议的，不予处罚。经调解未达成协议或者达成协议后不履行的，公安机关应当依照本法的规定对违反治安管理行为人给予处罚，并告知当事人可以就民事争议依法向人民法院提起民事诉讼。

第十条　治安管理处罚的种类分为：

（一）警告；

（二）罚款；

（三）行政拘留；

（四）吊销公安机关发放的许可证。

对违反治安管理的外国人，可以附加适用限期出境或者驱逐出境。

第四十三条　殴打他人的，或者故意伤害他人身体的，处五日以上十日以下拘留，并处二百元以上五百元以下罚款；情节较轻的，处五日以下拘留或者五百元以下罚款。

有下列情形之一的，处十日以上十五日以下拘留，并处五百元以上一千元以下罚款：

（一）结伙殴打、伤害他人的；

（二）殴打、伤害残疾人、孕妇、不满十四周岁的人或者六十周岁以上的人的；

（三）多次殴打、伤害他人或者一次殴打、伤害多人的。

4.2.4　刑事惩罚

【案例 4-3】假设案例 4-1 中的施暴者张某等人不知轻重，下手狠毒，造成刘某两颗门牙脱落，鼻梁骨折。张某等人又缺乏对问题严重性的认识，不积极承担赔偿责任，学校无力解决，受害者刘某及其家长向公安派出所报案。经鉴定，刘某属于轻伤。张某等人是否会受到更为严厉的制裁？

张某等人的行为已涉嫌犯罪。根据最高法、最高检、公安部、司法部联合颁布的《人体损伤程度鉴定标准》规定，门牙脱落两颗、鼻梁骨折一般应被鉴定为轻伤等级。张某等人故意伤害他人身体，致人轻伤，已经涉嫌《中华人民共和国刑法》（以下简称《刑法》）第二百三十四条故意伤害罪，可能会被依法追究刑事责任。

《刑法》第二百三十四条对"故意伤害罪"做出规定："故意伤害他人身体的，处三年以下有期徒刑、拘役或者管制。犯前款罪，致人重伤的，处三年以上十年以下有期徒刑；致人死亡或者以特别残忍手段致人重伤造成严重残疾的，处十年以上有期徒刑、无期徒刑或者死刑。本法另有规定的，依照规定。"

刑罚，是指人民法院对犯罪分子实行的强制处分方法。

我国刑法规定的刑罚分为主刑和附加刑两大类。

主刑也称基本刑，是对犯罪分子适用的主要刑罚，包括管制、拘役、有期徒刑、无期徒刑和死刑。主刑的特点是：主刑只能独立运用，不能相互附加并用。

附加刑是补充主刑适用的刑罚，包括罚金、剥夺政治权利、没收财产三种。附加刑的特点是：附加刑既可作为主刑的附加刑适用，又可独立适用。

4.3　校园暴力犯罪的构成要件与罪名

4.3.1　犯罪的构成要件

犯罪构成，就是我国刑法所规定的，决定某一具体行为的社会危害性及其程度而为该行为构成犯罪所必须具备的一切客观和主观要件的总和。犯罪构成是解决一个具体行为的罪与非罪、此罪与彼罪、应受何种刑罚惩罚的具体条件，为追究犯罪人的刑事责任提供依据，为无罪的人不受追究提供法律保障。

4.3.1.1　犯罪的主体

犯罪的主体是指实施危害社会的行为、依法应当负刑事责任的自然人和单位。自然人犯罪主体是指达到刑事责任年龄，具有刑事责任能力的自然人；单位犯罪主体是指可以独立承担刑事责任能力的企事业单位、国家机关、社会团体等。

自然人主体是指达到刑事责任年龄、具备刑事责任能力的自然人。

A　刑事责任年龄

刑事责任年龄是指行为人应对自己的犯罪行为负刑事责任的年龄。我国刑法将刑事责任年龄划分为三个阶段：

（1）已满16周岁的人犯罪，应负刑事责任，为完全负刑事责任年龄。

（2）已满 14 周岁、不满 16 周岁的人犯故意杀人、故意伤害致人重伤或者死亡、强奸、抢劫、贩卖毒品、放火、爆炸、投放危险物质的，应当负刑事责任。这是相对负刑事责任年龄阶段。即处于这一年龄段的人只对部分严重犯罪负刑事责任。

（3）不满 14 周岁，无论实施何种危害社会的行为，都不负刑事责任，为完全不负刑事责任年龄。

中职学生的年龄基本上在 15~18 岁之间，处于相对负刑事责任年龄或者完全负刑事责任年龄阶段。对于刑法规定的八种严重危害社会的暴力性犯罪，这个年龄阶段的学生都要负刑事责任了。而一旦年满 16 周岁，就属于完全刑事责任年龄了，对自己的所有犯罪行为都要承担刑事责任。

B　刑事责任能力

刑事责任能力是指辨认和控制自己实施危害社会行为的能力。辨认能力，是指行为人认识自己特定行为的性质、结果与意义的能力；控制能力，是指行为人支配自己实施或者不实施特定行为的能力。无刑事责任能力就是指行为人不具备或者丧失了辨认或控制自己行为的能力，可以是因为年幼，也可以是因为患病等原因。间歇性精神病人在精神正常的时候犯罪的，应当负刑事责任。醉酒的人犯罪应当负刑事责任。又聋又哑的人或者盲人犯罪，可以从轻、减轻或者免除处罚。

4.3.1.2　犯罪的主观方面

犯罪的主观方面是指刑法规定的成立犯罪所必须具备的行为人对自己实施的危害社会的行为及其结果所持的心理态度，包括犯罪的故意、过失，犯罪的动机、目的。

犯罪的故意是指明知自己的行为会发生危害社会的结果，并且希望或者放任这种结果发生的心理态度。它分为直接故意和间接故意。

犯罪的过失是指应当预见自己的行为可能发生危害社会的结果，因为疏忽大意而没有预见，或者已经预见而轻信能够避免，以致发生这种结果的心理态度。它分为疏忽大意的过失和过于自信的过失。

4.3.1.3　犯罪的客体

犯罪的客体是指犯罪行为侵犯的、我国刑事法律所保护的社会关系。任何犯罪都必然会侵犯某一客体，不侵犯客体的犯罪是不存在的。例如，故意伤害罪，侵犯的客体是公民个人的生命健康权；盗窃罪的客体是公私财产的所有权；以危险方法危害公共安全罪，侵犯的客体是公共安全。

4.3.1.4　犯罪的客观方面

犯罪的客观方面是指刑法所规定的犯罪活动的客观事实特征，包括危害社会的行为、危害后果及其因果关系等。危害社会的行为包括作为和不作为。作为是指不当为而为的积极行为，即实施法律所禁止的行为，如伤害他人。不作为是指当为而不为的消极行为，是指行为人有条件、有义务实施某些行为而不实施，以至于使刑法所保护的客体受到严重危害的行为，如玩忽职守。

4.3.2 校园暴力犯罪关涉的罪名

【资料链接】最高法院在 2015 年 9 月发布了自 2007 年至 2014 年间发生在北京、河北、福建和四川这四个省（市）校园内或起因在校园内的刑事犯罪案件，共 67 起。这些案件主要集中在故意伤害、聚众斗殴、寻衅滋事、抢劫、强奸和强制猥亵妇女等罪中。从年龄跨度来说，这些案件中被告人的平均年龄在 15 岁到 17 岁之间，被害人的平均年龄在 14 岁至 16 岁之间；从性别角度分析，被告人和被害人均多为男性。

4.3.2.1 故意伤害罪

故意伤害罪是指故意非法伤害他人身体的行为。故意伤害罪的构成要件为：

（1）主体要件。本罪的主体是一般主体。年满 16 周岁的人应当为其故意伤害行为承担刑事责任。已满 14 周岁不满 16 周岁的，故意伤害致人重伤或死亡的应负刑事责任。

（2）主观要件。本罪在主观上是故意，其在客观方面上表现为非法伤害他人身体的行为。如果不具有主观上的故意，而致人重伤的，则构成过失重伤罪。校园环境中，教师惩罚学生、学生之间的肢体冲突因过失可能致学生重伤而犯过失重伤罪。过失主观上表现为疏忽大意或过于自信。

（3）客体要件。本罪侵犯的客体是他人的生命健康权利。

（4）客观方面，行为人实施了非法损害他人身体健康的行为。

《刑法》第二百三十四条规定："故意伤害他人身体的，处三年以下有期徒刑、拘役或者管制。犯前款罪，致人重伤的，处三年以上十年以下有期徒刑；致人死亡或者以特别残忍手段致人重伤造成严重残疾的，处十年以上有期徒刑、无期徒刑或者死刑。本法另有规定的，依照规定。"

4.3.2.2 聚众斗殴罪

聚众斗殴罪是指为了报复他人、争霸一方或者其他不正当目的，纠集众人成帮结伙地互相进行殴斗，破坏公共秩序，应当受到刑罚惩罚的行为。聚众斗殴罪的构成要件为：

（1）主体要件。本罪的主体是一般主体，凡年满 16 周岁且具备刑事责任能力的自然人均能构成本罪。但并非所有参加聚众斗殴者均构成本罪。只有聚众斗殴的首要分子和其他积极参加者，才构成本罪主体。

（2）主观要件。本罪的主观方面是故意犯罪。犯罪的动机，一般不是完全为了某种个人的利害冲突，也不是单纯为了取得某种物质利益，而是公然藐视国家的法纪和社会公德，企图通过实施聚众斗殴活动来寻求刺激或者追求某种卑鄙欲念的满足。这种公然藐视社会公德和国家法纪的心理状态，是聚众斗殴犯罪故意的最明显的特点。

（3）客体要件。本罪侵犯的客体是公共秩序。聚众斗殴犯罪往往同时会造成公民的人身权利和公私财产权利受到侵害。但是，其所侵犯的主要不是特定的个人或者特定的公私财物，而是用聚众斗殴行为对整个社会秩序的挑战和威胁。

（4）客观要件。本罪的客观方面表现为纠集众人结伙殴斗的行为。聚众斗殴主要是指出于私仇、争霸或者其他不正当目的而成伙结帮地殴斗。聚众，一般是指人数众多，至少不少于3人；斗殴，主要是指采用暴力相互搏斗，但使用暴力的方式各有所别。

《刑法》第二百九十二条规定："聚众斗殴的，对首要分子和其他积极参加的，处三年以下有期徒刑、拘役或者管制；有下列情形之一的，对首要分子和其他积极参加的，处三年以上十年以下有期徒刑：（一）多次聚众斗殴的；（二）聚众斗殴人数多，规模大，社会影响恶劣的；（三）在公共场所或者交通要道聚众斗殴，造成社会秩序严重混乱的；（四）持械聚众斗殴的。聚众斗殴，致人重伤、死亡的，依照本法第二百三十四条、第二百三十二条的规定，按照故意伤害罪、故伤害致人重伤、死亡罪来定罪处罚。"

4.3.2.3 寻衅滋事罪

寻衅滋事罪是指在公共场所或者公众场合无故挑衅闹事，殴打辱骂、追逐拦截他人，强拿硬要或损毁、占用公私财物，情节严重或造成公共秩序严重混乱的行为。其构成要件为：

（1）主体要件。本罪的主体为一般主体，凡年满16周岁且具备刑事责任能力的自然人均能构成本罪。

（2）主观要件。本罪在主观上是故意，即公然藐视国家法纪和社会公德，其动机是通过寻衅滋事活动，追求耍威风、找把乐，没事找事，寻求精神刺激。

（3）客体要件。本罪侵犯的是公共秩序。公共秩序包括公共场所秩序和生活中人们应当遵守的共同准则。寻衅滋事犯罪多发生在公共场所，常常给公民的人身、人格或公私财产造成损害，但是寻衅滋事罪侵犯的并不是特定的人，而主要是指向公共秩序，向整个社会的挑战。

（4）客观要件。本罪在客观上表现为无事生非、起哄捣乱、无理取闹、殴打伤害无辜、肆意挑衅、横行霸道、破坏公共秩序的行为。

《刑法》第二百九十三条规定："有下列寻衅滋事行为之一，破坏社会秩序的，处五年以下有期徒刑、拘役或者管制：（一）随意殴打他人，情节恶劣的；（二）追逐、拦截、辱骂、恐吓他人，情节恶劣的；（三）强拿硬要或者任意损毁、占用公私财物，情节严重的；（四）在公共场所起哄闹事，造成公共场所秩序严重混乱的。纠集他人多次实施前款行为，严重破坏社会秩序的，处五年以上十年以下有期徒刑，可以并处罚金。"

4.3.2.4 抢劫罪

抢劫罪是指以非法占有为目的，以暴力胁迫或其他方法强行劫取公私财物的行为。其构成要件为：

（1）主体要件。本罪的主体是一般主体，已满14周岁未满16周岁的人犯此罪应负刑事责任；

（2）主观要件。本罪在主观上是以故意、非法占有他人财物为目的。

（3）客体要件。本罪的客体是复杂客体，行为人不仅侵犯公民财产所有权，同时又侵犯被害人的人身权利，甚至造成伤害或死亡。

（4）客观要件。本罪在客观上表现为对公私财物的所有人、保管人、保护人当场使用暴力、胁迫或其他方法迫使其交出财物的行为。

抢劫罪是校园暴力中多发性犯罪。

《刑法》第二百六十三条规定："以暴力、胁迫或者其他方法抢劫公私财物的，处三年以上十年以下有期徒刑，并处罚金；有下列情形之一的，处十年以上有期徒刑、无期徒刑或者死刑，并处罚金或者没收财产：（一）入户抢劫的；（二）在公共交通工具上抢劫的；（三）抢劫银行或者其他金融机构的；（四）多次抢劫或者抢劫数额巨大的；（五）抢劫致人重伤、死亡的；（六）冒充军警人员抢劫的；（七）持枪抢劫的；（八）抢劫军用物资或者抢险、救灾、救济物资的。"

【案例4-4】2016年11月20日晚自习后，某校学生高某（17岁）与同学张某（16岁）尾随一名低年级学生出了学校大门。走到一个偏僻的胡同，高某、张某紧追上去，把这名学生挤到墙角处，强行搜身，共搜出现金25元及一张银行卡，后又前后挟持着这名学生到自动取款机上取出400元现金。高某、张某得手后，很快挥霍一空。

案发后，法院经审理认为，高某、张某构成抢劫罪，决定以犯抢劫罪判处高某有期徒刑两年零十个月，缓刑三年，并处罚金5000元；判处张某有期徒刑一年零六个月，缓刑两年，并处罚金5000元。

4.4 校园暴力的预防与应对

校园暴力，后果轻重各异，轻则受惊、挨训、破财，重则致残致命、家破人亡。作为在校学生，一定要认清校园暴力的危害，预防为主，避而远之。

（1）不斤斤计较。同学之间相处，要修炼自己豁达的胸怀，不能斤斤计较、处处不吃亏。"受不得委屈"的人，是无法与人相处的。

（2）不添乱。同学之间有矛盾和纠纷，是正常的。遇到同学之间的矛盾和纠纷，不能火上浇油、不能盲目地"拔闯儿"，把本来简单的问题复杂化、扩大化，到最后谁都下不来台，就只剩下"武力解决"一条道了。

（3）不去是非之地。营业性的歌厅、舞厅、网吧等是《预防未成年人犯罪法》列明的不适宜未成年人活动的场所。

（4）不染烟酒陋习。吸烟、酗酒、赌博等对于未成年人来说，都是不良行为。"酒肉朋友"聚在一起最容易发生问题。

（5）举止文明不惹事。言谈举止文明，不扎堆儿看"热闹"、不"起哄架秧子"。

（6）不早恋找闲事。把精力放在学习和发展上，不因早恋耽误学业，更不能因此争风吃醋惹麻烦，自寻烦恼。

（7）不招摇显摆。不慕虚荣，不招摇显摆自己的钱包、手机，生活简朴。贵重物品、大额现金要保管好。不带大额现金、贵重手机、首饰等到偏僻人少之处。

问题与测试

一、填空题

（1）校园暴力，就是指"发生在学生之间蓄意或_____通过_____、_____及_____等手段，实施欺负、侮辱造成伤害"的行为。

（2）根据校园暴力行为的危害程度，在性质上可以分为违纪行为、_____和_____三种类型。

（3）教育部印发《中等职业学校学生学籍管理办法》规定，学校对于有不良行为的学生，可以视情节和_____，分别给予警告、_____、_____和_____学籍处分。

（4）教育行政部门设立_____学校，负责对有不良行为或者_____不适宜在_____学校学习的未成年学生，进行教育和_____。

（5）犯罪，是指严重_____、触犯_____、应受刑罚_____的行为。

（6）我国的刑罚分为主刑和_____两大类。

二、选择题

（1）我国刑法规定的附加刑，不包括（　　）。
　　A. 罚金　　　　B. 剥夺政治权利　　　C. 没收财产　　　D. 拘役

（2）违法行为，不包括（　　）。
　　A. 民事违法　　B. 刑事违法　　　　　C. 行政违法　　　D. 意识违法

（3）凡年满（　　）周岁的人，均可构成故意杀人罪的犯罪主体。
　　A. 14　　　　　B. 16　　　　　　　　C. 18　　　　　　D. 25

（4）我国刑法规定的完全刑事责任年龄是（　　）岁。

  A. 14   B. 16   C. 18   D. 25

（5）下列说法正确的是（　　）。

  A. 小孩们打架，没什么大不了的

  B. 孩子打了人，多赔点钱就行了

  C. 学生打架，老师教育就可以了

  D. 必须杜绝校园暴力，建设和谐校园

三、判断题

（1）校园欺凌不是一个严格的法律概念。（　　）

（2）任何学校，都会将校园暴力视为最严重的违纪行为并予以最严厉的处分。（　　）

（3）中职学校可以依据规定对严重违纪的学生给予开除处分。（　　）

（4）对具有严重不良行为，不适宜在普通学校学习的，可将其转入专门学校学习。（　　）

（5）一旦给他人的伤害达到轻伤的程度，就会被追究刑事责任。（　　）

（6）刑罚是人民法院对犯罪分子实行的强制处分方法。（　　）

（7）刑罚附加刑不能独立适用。（　　）

（8）醉酒的人犯罪不负刑事责任。（　　）

（9）不满14周岁，不负刑事责任。（　　）

（10）抢劫犯罪，不在于抢劫的金额大小。（　　）

四、材料分析

  2016年12月28日，最高检召开新闻发布会，通报了检察机关办理中小学生校园欺凌和暴力的情况，并发布了相关典型案例。据统计，2016年1月至11月，全国检察机关共批准逮捕涉嫌校园欺凌和暴力犯罪1114人，起诉2337人。

  此外检察机关还深挖并严厉打击成年人组织、胁迫、引诱未成年学生实施校园欺凌和暴力犯罪。2016年1至11月，全国检察机关批准逮捕此类犯罪嫌疑人378人（其中追捕18人），起诉646人（其中追诉漏犯25人，追捕漏罪14起），监督公安机关立案8件18人。

  问题：（1）什么是校园欺凌？

  （2）校园欺凌经常会涉及哪些罪名？

  （3）校园暴力的危害有哪些？

  （4）你认为当前校园欺凌、校园暴力时有发生的原因有哪些？

  （5）通过学习，你认为自己该如何预防和应对校园暴力？

5　安全隐患行为

5.1　违规吸烟的责任

【案例5-1】2016年11月的一天晚上，下了晚自习的学生陆续回到宿舍。住在405宿舍的李某等人，趴在床上玩手机、抽烟。不知什么时候一个烟头掉到了下铺冯某的床上。夜里12点多，冯某被浓烟呛醒，发现被子着火了。"失火了，快起来!"宿舍里几位都跳了起来，赶紧灭火。火是灭了，可是宿舍里一片狼藉。

经过调查，认定是睡在上铺的李某玩游戏、吸烟，由于困乏导致烟头掉落而不知，酿成火灾。学校经过研究，作出如下处理：

（1）将李某的家长请到学校，希望家长理解和支持学校对学生的教育管理。

（2）李某赔偿冯某被烧损的被褥、衣物价值300元，赔偿由于救火而被水浸湿损害的手机一部价值1500元。其他同学的损失较小，均表示自愿放弃。

（3）对李某进行批评教育。根据学校《学生处分办法》规定，给予李某留校察看处分。

（4）学校宿舍管理部门要求李某及其家长做出书面保证：保证不再出现吸烟等危害住宿学生安全的行为。一经发现，自己主动退宿，自行解决校外住宿问题。

校园是禁止吸烟场所，任何人都不得在校园内吸烟。学生吸烟，特别是未成年学生吸烟，是学校严格禁止的行为。未成年学生不应该吸烟，更不应该在校园内吸烟，这一是因为吸烟会对自身身体造成伤害；二是因为吸烟会妨害学生形成遵守规矩、规则的意识和习惯；三是因为吸烟可能承担的事故责任。

5.1.1　纪律处分

学校是法定的禁止吸烟的场所。《未成年人保护法》第三十七条规定："禁止向未成年人出售烟酒，经营者应当在显著位置设置不向未成年人出售烟酒的标志；对难以判明是否已成年的，应当要求其出示身份证件。任何人不得在中小学校、幼儿园、托儿所的教室、寝室、活动室和其他未成年人集中活动的场所吸烟、饮酒。"

任何一所学校的纪律处分规定，都会将学生的校内吸烟列为严重违纪行为而予以处分。例如，天津市劳动保护学校《学生奖惩制度》规定"吸烟屡教不改达三次者给予记过处分，由吸烟引发火险或造成学校损失者，视情节给予开除学籍处分，构成刑事责任的送交公安机关依法处理。"因此，学生的校内吸烟行为一旦被发现，将会受到学校纪律的处分，严重者将会影响到学业的进行。

5.1.2 行政处罚

我国的许多地方都制定了控制吸烟的地方性法规、规章。例如，在2012年3月28日通过、自2012年5月31日起实施的《天津市控制吸烟条例》，是天津市的地方性法规，属于法律的范畴。其中就设定了不听劝阻、在公共场所违规吸烟，给予"50元以上200元以下的罚款"的行政处罚。

对在禁止吸烟场所吸烟，导致火灾事故，尚不构成犯罪的，根据《中华人民共和国消防法》（以下简称《消防法》）第六十四条第2项的规定，对直接责任人处10日以上15日以下拘留，可以并处500元以下罚款；情节较轻的，处警告或者500元以下罚款。

【法条链接】《天津市控制吸烟条例》（节选）

第二十四条 违反本条例规定，个人在禁止吸烟场所或者区域吸烟且不听劝阻的，由有关行政管理部门责令改正，并可处五十元以上二百元以下的罚款。

第二十五条 违反本条例规定，有下列行为之一的，由公安机关依法给予治安管理处罚，构成犯罪的，依法追究刑事责任：

（一）阻碍控制吸烟执法人员依法执行职务；

（二）侮辱、诽谤、威胁、殴打控制吸烟执法人员、禁止吸烟检查员、劝阻吸烟的人员；

（三）违反治安管理规定的其他行为。

5.1.3 刑事处罚

因吸烟引起火灾，达到法律规定的危害程度，就要被追究刑事责任。《刑法》规定："应当预见自己的行为可能发生危害社会的结果，因为疏忽大意而没有预见，或者已预见而轻信能够避免，以致发生这种结果的，是过失犯罪。"众所周知，吸烟容易引起火灾。那么一旦引起火灾的话，吸烟者的行为就属于过失犯罪了。对在禁止吸烟场所吸烟，导致火灾事故，致人重伤、死亡或者使公私财产遭受重大损失的，根据《刑法》第一百一十五条第二款的规定，对直接责任人以失火罪予以追究，处三年以上七年以下有期徒刑；情节较轻的，处三年以下有期徒刑或者拘役。

【法条链接】最高人民检察院、公安部关于公安机关管辖的刑事案件立案追诉标准的规定（一）（节选）

第一条　过失引起火灾，涉嫌下列情形之一的，应予立案追诉：

（一）导致死亡一人以上，或者重伤三人以上的；

（二）造成公共财产或者他人财产直接经济损失五十万元以上的；

（三）造成十户以上家庭的房屋以及其他基本生活资料烧毁的；

（四）造成森林火灾，过火有林地面积二公顷以上，或者过火疏林地、灌木林地、未成林地、苗圃地面积四公顷以上的；

（五）其他造成严重后果的情形。

5.1.4　民事责任

民事责任是民事主体违反民事义务应承担的法律后果，这种民事"义务"，包括作为的义务和不作为的义务。通俗的说，就是该做的事情没有做或没有做到位，或者做了不该做的事情，在这些情况下，必然会使民事法律关系中的另一方的权利得不到实现或者遭受侵犯，就会产生相应的法律后果，承担一定的民事法律责任。

吸烟，尤其是在禁止吸烟场所吸烟容易造成火灾是基本的常识。成年人具备正常的认知能力，应当认识到吸烟的危害和危险。未成年人或者青少年学生，虽然其认知能力受到一定的限制，但是学校都会安排一定的安全教育，把吸烟作为重点违纪行为进行宣传，制定严格的规章制度进行制止，其理应懂得违规吸烟对学校、对学生宿舍的潜在安全危害。因此，在排除了放火的故意之外，那就是由于疏忽大意或者过于自信等过失造成的火灾了。主观上的过错、客观上的失火行为、现实的火灾损害结果，使得肇事者应当对其过失行为承担民事责任。

案例 5-1 中，学生在宿舍内由于吸烟引发火灾，给同学造成身体伤害或者造成学习、生活用品和学校教育教学设备设施等损毁的损失，除依法可能受到行政、刑事责任追究外，其还应当承担一定的民事赔偿责任。

5.2　破坏消防设施的责任

【案例 5-2】某职校二年级学生张某、李某等五名同学因在游戏厅玩游戏忘记了时间，致使上课迟到。任课老师没有让他们进教室，让他们在楼道里站着。时间一长，他们心生怨气。张某把墙上的消防指示灯盒给踢下来，李某对着消防箱就捣了一拳，玻璃碎了，手也被扎破了。巡查的老师过来，把他们带到了政教处。

应急照明灯和疏散指示标志等是重要的消防器材，是引导人们疏散的消防安全设施。在灾害发生时，可以引导人们有序地疏散到安全地点。消防设备、设施，是安全的保障，任何人不得随意挪用、毁损。否则，要承担相应的责任。

5.2.1　纪律处分

保护消防设施不受损害，使其具备适用性，就是给人们提供了一线安全的希望。各个单位在自己的规章制度中都会对所属人员提出要求，对破坏消防设施的行为给予严肃的处理。例如天津市劳动保护学校《学生奖惩制度》中就明确规定："擅自动用和破坏消防设施者，视情节给予记过、留校察看或者开除学籍处分。"案例5-2中张某等几位同学为发泄怨气，故意损害消防安全设施，虽未造成严重后果，但已违反学校的规章制度，应当给予相应纪律处分。

5.2.2　行政处罚

根据《消防法》第六十条规定，个人损坏、挪用或者擅自拆除、停用消防设施、器材的，会受到警告或者五百元以下罚款的行政处罚。破坏消防设施的行政处罚，由公安消防机关依法实施。

【法条链接】《中华人民共和国消防法》（节选）

第二十八条　任何单位、个人不得损坏、挪用或者擅自拆除、停用消防设施、器材，不得埋压、圈占、遮挡消火栓或者占用防火间距，不得占用、堵塞、封闭疏散通道、安全出口、消防车通道。人员密集场所的门窗不得设置影响逃生和灭火救援的障碍物。

第六十条　单位违反本法规定，有下列行为之一的，责令改正，处五千元以上五万元以下罚款：

（一）消防设施、器材或者消防安全标志的配置、设置不符合国家标准、行业标准，或者未保持完好有效的；

（二）损坏、挪用或者擅自拆除、停用消防设施、器材的；

（三）占用、堵塞、封闭疏散通道、安全出口或者有其他妨碍安全疏散行为的；

（四）埋压、圈占、遮挡消火栓或者占用防火间距的；

（五）占用、堵塞、封闭消防车通道，妨碍消防车通行的；

（六）人员密集场所在门窗上设置影响逃生和灭火救援的障碍物的；

（七）对火灾隐患经公安机关消防机构通知后不及时采取措施消除的。

个人有前款第二项、第三项、第四项、第五项行为之一的，处警告或者五百元以下罚款。

有本条第一款第三项、第四项、第五项、第六项行为，经责令改正拒不改正的，强制执行，所需费用由违法行为人承担。

5.2.3　刑事责任

【案例 5-3】 2013 年 7 月间，被告人程某多次进入天津市和平区某高层建筑楼内，分别从不同楼层电梯间及楼道等处的消防箱内窃得正在使用的铝制消防喷水枪头共计 188 个及铝制消防水带连接口共计 30 个，并将赃物向废品回收人员变卖以获取非法利益。后被保安人员抓获扭送至公安机关。

盗窃消防设备、器材的行为是违法行为，一般可能会涉及三个罪名，即盗窃罪、故意损坏公私财物罪和危害公共安全罪。

盗窃罪的构成要件之一是必须达到法律规定的"数额较大"的标准，否则，不属于犯罪。根据最高法院的司法解释，我国各省区认定盗窃罪的起点在"盗窃公私财物价值一千元至三千元以上"。在天津市辖区内，盗窃公私财物，犯罪数额达到"数额较大"起点是两千元。而故意毁坏财物罪，也要求"数额较大"才构成犯罪，被追究刑事责任。因此，在本案例中，若以此定罪，则很难追究程某的刑事责任，不利于对消防安全的保障。

就案例 5-3 来看，程某先通过秘密窃取的手段非法占有大楼内公共消防设施，后予以变卖牟利，其行为看似是一起普通盗窃案件，但由于被告人盗窃的消防器材系正在使用中，其盗窃行为客观上造成了如果发生火灾无法及时扑救的危险状况，已经侵害了不特定的人身和财产安全，符合我国刑法中规定的以危险方法危害公共安全罪的犯罪构成要件。故法院判决其构成以危险方法危害公共安全罪。

天津市和平区人民检察院以程某涉嫌以危险方法危害公共安全罪向法院提起公诉，经开庭审理，法院判处程某有期徒刑三年零八个月。

【法条链接】《中华人民共和国刑法》（节选）

第一百一十四条　放火、决水、爆炸以及投放毒害性、放射性、传染病病原体等物质或者以其他危险方法危害公共安全，尚未造成严重后果的，处三年以上十年以下有期徒刑。

第一百一十五条　放火、决水、爆炸以及投放毒害性、放射性、传染病病原体等物质或者以其他危险方法致人重伤、死亡或者使公私财产遭受重大损失的，处十年以上有期徒刑、无期徒刑或者死刑。

过失犯前款罪的，处三年以上七年以下有期徒刑；情节较轻的，处三年以下有期徒刑或者拘役。

第二百七十五条　故意毁坏公私财物，数额较大或者有其他严重情节的，处三年以下有期徒刑、拘役或者罚金；数额巨大或者有其他特别严重情节的，处三年以上七年以下有期徒刑。

5.2.4　民事责任

损坏消防设施，因其情节，可能会被给予纪律处分、行政处罚，甚至承担刑事责任。对于这种破坏行为给特定对象造成的经济损失，其有责任予以赔偿。案例5-2中张某等学生发泄私愤，故意毁坏安全标志等行为，给学校造成了一定的经济损失，学校在给予其纪律处分的同时，可以责令其赔偿相应的经济损失。

5.3　违规用电的事故责任

【案例5-4】一天下午，住宿生张某下课后回到宿舍，在自己的床铺上复习功课。因学习时需要用到手提电脑，为节省手提电脑电池的电量，他就找出两根铜芯电线，准备从头顶上的吊扇电源上引出电线作为手提电脑的电源。在从吊扇电源处往外接线的过程中，张某不小心触电被强大的电流瞬间击倒。宿舍内的同学见状，立即拨打120急救电话。然而这一切未能挽回张某年轻的生命。

【案例5-5】2008年11月14日早晨6时10分左右，某校一学生宿舍楼发生火灾，火势迅速蔓延导致烟火过大，其中4名女生在消防队员赶到之前从6楼宿舍阳台跳楼逃生，不幸全部遇难。火灾事故初步判断原因是，某宿舍前一天晚上使用的"热得快"在停电后没有拔下插头，第二天早晨宿舍来电后，因电流过大，热得快过热从而将周围可燃物引燃。

电能的利用，是人类科技发展史上的里程碑。电给人类带来光明和欢乐，但使用不当或违章用电，也会发生用电事故，给人类造成不幸和灾难。

在学校、学生宿舍等公共场所、人口密集场所的违规用电、或者发生的用电事故，往往会危害到不特定的众人，危害更大，责任人要承担相应的责任。

5.3.1 纪律处分

违反学校规章制度，没有造成严重后果，损失不大的话，还能处于学校纪律解决的范畴，但肯定会受到学校纪律的严肃处理。一是所使用的违规电器可能要被没收；二是要受到记过甚至更严重的纪律处分；三是可能在三好学生、奖学金、优秀宿舍等评优过程中受到不利的影响甚至被取消资格。

5.3.2 行政处罚

根据《消防法》的规定，过失引发火灾尚未构成犯罪的，应当接受警告、罚款、拘留的行政处罚。责任人承担行政责任的要件是：责任人有引发火灾的行为，包括引起火灾和导致火灾蔓延的行为；责任人有主观过错；行为与火灾形成或蔓延之间有法律上的因果关系；有较严重的损失，但未达到失火罪和消防安全责任事故罪的立案标准。

5.3.3 刑事责任

根据《最高人民检察院、公安部关于公安机关管辖的刑事案件立案追诉标准的规定（一）》的规定，由于过失引起火灾，具备其规定的法定情形的，可能被追究过失引起火灾的刑事责任。

5.3.4 民事责任

用电事故产生的民事责任主要是赔偿责任，包括给身体造成伤害的赔偿责任、给学校造成的财产损失、给宿舍同学或者其他人员造成的财产损失等。案例5-4 中的学生张某私自偷接电线，造成自身伤亡的用电事故，张某的生命已经不可挽回，其父母家人承受着巨大伤痛。由于事故发生的主要原因是张某本人违反学校的规章制度，违规用电，该事故造成损害的主要后果应由其本人或者监护人承担。

5.4 高空抛物，致人损害的责任

【案例 5-6】 2011 年的一天，陈某路过成都市某商厦时，被楼上落下的杯子砸伤。经鉴定，砸伤给陈某造成了永久性伤害，残疾程度是 10 级。因

为找不到扔杯子的人，陈某花了近 3 年时间，把整栋大厦和隔壁大楼内可能扔杯子的商户，全部找了出来，并把总共 144 家商户告上了法院，请求判令被告赔偿医疗费及后续治疗费等共计 22 万余元。

2014 年 6 月 18 日，该案在成都锦江法院公开宣判。依据《中华人民共和国侵权责任法》的规定，法院判定其中 124 户商家都存在实施加害的可能性，因此判决 124 户商户共同分担受害者陈某的各项损失 15 万余元，每家承担 1230 元。

根据《中华人民共和国侵权责任法》（以下简称《侵权责任法》）第八十七条规定，从建筑物中抛掷物品或者从建筑物上坠落的物品造成他人损害，难以确定具体侵权人的，除能够证明自己不是侵权人的，由可能加害的建筑物使用人给予补偿。

5.4.1 民事责任

对于高空抛物责任人确定的，其应承担民事赔偿责任。假如经法院认定，案例 5-6 中往下扔杯子的不是别人，而是在 20 楼办公的李某，那李某就应因其侵权行为承担对被害人陈某的民事赔偿责任。

而对于本案来说，确实无法确定侵权人，无从追究侵权人的侵权责任。但是，被害人如果就此失去救济的话，确属不公。因此，就有了推定致害人（凡是不能证明自己没有责任的建筑物内的所有的人）应当给予被害人一定民事补偿的责任。

5.4.2 刑事责任

高空抛物是一种极具危险性的行为。就其主观状态而言，或者故意，或者过失。随手把烟头、垃圾袋、饮料瓶扔出窗外，就是故意；站在室内，往窗外吐痰，就是故意。放在阳台上的、窗台边上的花盆等物品被不小心碰掉下去，是疏忽大意的过失；阳台上的花盆、外墙上的悬挂物，由于风大而被刮下去，也是一种过失。行为人应当知道这种行为具有危险性但却轻信能够避免，以致发生伤害行为的，就属于过失。

故意向楼下抛掷物品，砸伤他人或者毁坏他人财物，后果严重的，不仅要承担民事责任，还可能要承担刑事责任。如果是单纯砸坏他人财物，如楼下停放的汽车，可能构成故意毁坏财物罪；如果是砸伤或者砸死他人，则可能涉嫌伤害罪、过失致人死亡罪。如果是在人群聚居的地方，如闹市区、过往行人密集区，通常情况下楼下人员比较多的地方或者时间，高空抛物则有可能就构成以危险方法危害公共安全罪，其罪最高可至死刑。

5.4.3 案例警示

校园中，确实存在一些现象。一些自律性差的同学经常从窗户往外扔垃圾。"谁扔的？"找不着人。很少有人会主动承认自己往窗户外扔垃圾。隔窗扔垃圾是很危险的行为。由此引发的事故虽然不存在主观上的故意，但是因为行为人的过失致使危害结果发生也要承担相应的法律责任。隔窗扔垃圾不仅破坏环境，而且更存在着高空抛物带来的安全隐患。

【法条链接】《中华人民共和国侵权责任法》（节选）

第七十三条 从事高空、高压、地下挖掘活动或者使用高速轨道运输工具造成他人损害的，经营者应当承担侵权责任，但能够证明损害是因受害人故意或者不可抗力造成的，不承担责任。被侵权人对损害的发生有过失的，可以减轻经营者的责任。

第七十四条 遗失、抛弃高度危险物造成他人损害的，由所有人承担侵权责任。所有人将高度危险物交由他人管理的，由管理人承担侵权责任；所有人有过错的，与管理人承担连带责任。

第八十五条 建筑物、构筑物或者其他设施及其搁置物、悬挂物发生脱落、坠落造成他人损害，所有人、管理人或者使用人不能证明自己没有过错的，应当承担侵权责任。所有人、管理人或者使用人赔偿后，有其他责任人的，有权向其他责任人追偿。

第八十七条 从建筑物中抛掷物品或者从建筑物上坠落的物品造成他人损害，难以确定具体侵权人的，除能够证明自己不是侵权人的外，由可能加害的建筑物使用人给予补偿。

5.5 违反校规，祸及自身的责任

【案例 5-7】 2001 年 12 月 14 日晚上，河南省某校学生寇某与几名同学在学生食堂喝酒。第二天早上，同宿舍的同学发现寇某的情况有些异常，立即将寇某送往医院，后抢救无效死亡。经过公安部门认定，寇某因饮酒过度而死。

寇某的父母认为，寇某只有 17 岁，是限制民事行为能力人，他在学校食堂喝酒却没有遭到制止，是学校管理不到位，学校应负赔偿责任。为此，寇家向法院提起诉讼，要求学校赔偿 4.9 万元。

学校辩称，学校有规定，学生不准酗酒，就在寇某出事的前几天，还对酗酒学生进行了处分。作为即将成年的寇某，已有相当的是非判断能力，知道酗酒的后果。况且寇某喝酒的时间是学生自由活动的时间，学校不是寇某的监护单位，不应承担赔偿责任。

2002年9月18日，郑州邙山区法院对这起意外死亡案件作出一审判决，寇某即将成年，能够认识酗酒的后果，饮酒过量死亡，过错自负，学校不承担责任。

5.5.1　校园伤害的过错责任

学生在校园受到伤害，其责任并非全部由学校承担。根据《学生伤害事故处理办法》第八条的规定，学生伤害事故的责任，应当根据相关当事人的行为与损害后果之间的因果关系依法确定。

因学校、学生或者其他相关当事人的过错造成的学生伤害事故，相关当事人应当根据其行为过错程度的比例及其与损害后果之间的因果关系承担相应的责任。当事人的行为是损害后果发生的主要原因，应当承担主要责任；当事人的行为是损害后果发生的非主要原因，承担相应的责任。

5.5.2　学校对学生的教育管理职责

《侵权责任法》第三十八条规定："无民事行为能力人在幼儿园、学校或者其他教育机构学习、生活期间受到人身损害的，幼儿园、学校或者其他教育机构应当承担责任，但能够证明尽到教育、管理职责的，不承担责任。"

第三十九条规定："限制民事行为能力人在学校或者其他教育机构学习、生活期间受到人身损害，学校或者其他教育机构未尽到教育、管理职责的，应当承担责任。"这条规定明确了学校对学生校园伤害的责任承担适用过错责任原则。

学校对学生负有教育、管理的责任，而不是监护责任。校园伤害事故的归责原则，实行的是过错原则。学校有过错，就应承担责任；学校没有过错，就排除其责任。案例5-7中，学校纪律严格禁止学生饮酒，而且认真执行制度，对发现的饮酒学生进行严肃的纪律处分，说明学校在履行着自己的教育管理职责。如果学校有证据证明其主张，那就可能排除其教育管理不到位的责任。案例中法院判决学校不承担责任的理由，即应在此。

5.5.3　学生或者监护人的责任

我国《民法总则》第十九条规定，八周岁以上的未成年人为限制民事行为能力人，可以独立实施纯获利益的民事法律行为或者与其年龄、智力相适应的民事法律行为；实施其他民事法律行为由其法定代理人代理，或者征得其法定代理人的同意、追认。中职学校学生已经属于限制民事行为能力人或者完全民事行为能力人的阶段。其在很大程度上要为自己的行为负责了，要为自己的违规、违纪行为"埋单"了。

《民法总则》第二十六条规定，父母对未成年子女负有抚养、教育和保护的义务。第二十七条规定，未成年人的父母是未成年人的监护人。据此规定，除非有法律的授权或者约定，学校没有对未成年学生的监护权，也无法承担相应的监护责任。作为法定监护人的父母对未成年子女应当尽到监护职责，不能说把学生交到学校就万事大吉了。未尽监护职责，其就要承担相应的责任。

【法条链接】《学生伤害事故处理办法》（节选）

第十条　学生或者未成年学生监护人由于过错，有下列情形之一，造成学生伤害事故，应当依法承担相应的责任：

（一）学生违反法律法规的规定，违反社会公共行为准则、学校的规章制度或者纪律，实施按其年龄和认知能力应当知道具有危险或者可能危及他人的行为的；

（二）学生行为具有危险性，学校、教师已经告诫、纠正，但学生不听劝阻、拒不改正的；

（三）学生或者其监护人知道学生有特异体质，或者患有特定疾病，但未告知学校的；

（四）未成年学生的身体状况、行为、情绪等有异常情况，监护人知道或者已被学校告知，但未履行相应监护职责的；

（五）学生或者未成年学生监护人有其他过错的。

5.5.4　案例警示

很多学校为了加强校园安全管理，实行封闭式管理制度。学生在校期间，凡有想外出的，应当找班主任或者辅导员请假，经批准后方可持准假单、刷卡外出办事。该制度既是为了控制学生随意外出，减少不必要的危险；也是为了学校随时掌握学生的动态，便于教育、管理。该制度得到学生家长的普遍认同。

但是总有一些学生将该制度视为羁绊，意欲挣脱。有的搬出"权利理论"，强调自己的"行动自由"；有的编造虚假理由，骗开假条；有的模仿班主任签字，伪造假条；有的持别人的校园卡打卡，偷混出校；有的乘老师巡视、巡查间隙，翻越围墙外出；等等。其实，这些做法是极其错误的，也是极其危险的。

（1）中职学生，尤其是在校住宿的中职学生，在很大程度上已经脱离了父母监护的视线。电话"遥控"事实上很难奏效。如果学校不加强管理的话，渴望自由、自制有限的中职生，会徒增很多风险。这也是大部分家长赞成学校"严管"的主要原因。

（2）中职学生虽未成年，但15岁以上的年龄也接近成年人了。他们应该具备一定的对自身行为风险的判断能力，再加上所在学校的制度规范教育，该做什么、不该做什么，自应清楚。若因此脱逃学校监管，其受到伤害的责任，应当由其本人或者监护人承担。这会给本人和家庭带来极大的损失或者灾难。

（3）学生到学校学习就是为了接受学校的教育和管理，养成良好的行为习惯。违反校规校纪，不仅存在纪律风险、人身安全风险，而且还存在发展风险，那就是影响遵规守纪品质的养成。

问题与测试

一、填空题

（1）学校是法定的_____吸烟的场所。

（2）《天津市控制吸烟条例》，是_____市的地方性法规。

（3）之所以禁止学生校园内吸烟，一是因为对自身的伤害；二是妨害学生形成_____的意识和习惯；三是可能承担的_____责任。

（4）在宿舍内由于吸烟引发火灾，除依法可能受到_____处分、行政和刑事责任追究外，其还可能承担一定的_____责任。

（5）根据《消防法》的规定，过失引发火灾尚未构成犯罪的，应当接受警告、_____、拘留的行政处罚。

二、判断题

（1）学生伤害事故的责任，应当根据相关当事人的行为与损害后果之间的因果关系依法确定。（　　）

（2）高空抛物是一种极具危险性的行为，可能引发民事责任、刑事责任。（　　）

（3）盗窃高层消防器材，可能构成危害公共安全罪。（　　）

（4）由于过失引起火灾，具备法定情形的，可能被追究过失引起火灾的刑事责任。（　　）

（5）从建筑物中抛掷物品或者从建筑物上坠落的物品造成他人损害，难以确定具体侵权人的，除能够证明自己不是侵权人的外，由可能加害的建筑物使用人给予补偿。（　　）

三、实践活动

要求：（1）以小组为单位，查找、列举校园生活中可能引发安全事故的各种隐患。

（2）根据查找结果，结合本章学习内容，谈自己的感想、收获。

（3）字数不少于500字。

（4）在小组、班级内展览、交流。

6 校园财物安全

　　在校学生不是社会经济活动的主要参与者，但其也享有法律规定的财产所有权，也需要一定的财产、财物来参与社会生活。"君子爱财，取之有道"，保护好自己的财物、不损害别人的财物，物归所属，物尽其用。在校学习、生活期间的财物安全是一个不容忽视的问题。

6.1　校园内的财产

6.1.1　财产所有权

　　【案例 6-1】 19 岁的赵龙对自己 1 年前购买的手机不太满意了，就把他卖给收旧电器的小贩，换得 30 块钱。赵龙的行为是受法律保护的。20 岁的王海也不甘寂寞，借用同学的手机，用了三天之后，也把手机给卖了，并用卖手机所得的 30 块钱到网吧玩了个通宵。王海借用同学手机的行为，无可非议。但他擅自出卖借用物的行为，是违法的行为，应承担相应的责任。是否具有对物的处分权，涉及财产所有权的问题。

6.1.1.1　财产所有权的概念

　　《民法总则》第一百一十四条规定："民事主体依法享有物权。物权是权利人依法对特定的物享有直接支配和排他的权利，包括所有权、用益物权和担保物权。"物权的客体是物，包括动产和不动产。

　　财产所有权简称所有权，是对特定物进行永久、全面支配的物权。根据《中华人民共和国物权法》（以下简称《物权法》）第三十九条的规定："所有权是所有权人对自己的不动产或者动产，依法享有占有、使用、收益和处分的权利。"所有权具有如下特征：

　　（1）所有权是一种自物权。而用益物权、担保物权是他物权，是在他人之物上享有的物权。

　　（2）所有权是一种完全物权，包括占有、使用、收益和处分的全部四项权能。而用益物权、担保物权则属于限制物权，只享有占有、使用、收益权中的某些权利，一般不具有处分权。

（3）所有权是一种原始物权。而用益物权、担保物权是在所有权上派生出来的。

（4）所有权是一种永久权。而用益物权、担保物权往往是有期限的。

【知识拓展】 用益物权，是指在他人之物上，在一定范围内进行占有使用并获取收益的权利。用益物权主要有土地承包经营权、建设用地使用权、宅基地使用权、采矿权等。有用益物权的自然人即为用益物权人，一般来说用益物权的标的主要是不动产，也有动产。

担保物权，是为确保债务清偿的目的，在债务人或第三人所有的物或所属的权利上设定的，以取得担保作用的限制物权。担保物权具有确保债务履行以及促进资本和物资融通的功能。担保物权包括抵押权、质权和留置权。

6.1.1.2　所有权的取得

《物权法》第七条规定："物权的取得和行使，应当遵守法律，尊重社会公德，不得损害公共利益和他人合法权益。"这就明确了物权的取得和行使原则：符合法律规定的原则；尊重社会公德的原则；不得损害社会公共利益和他人合法权益的原则。

违反上述原则取得的物，是非法取得，取得人不能得到法定的物权。

6.1.1.3　我国财产所有权的主要形式

（1）国家所有权。国家所有权是指国家对国有财产的占有、使用、收益和处分的权利。国家所有权本质上是社会主义全民所有制在法律上的表现。《物权法》第四十五条规定："法律规定属于国家所有的财产，属于国家所有即全民所有。"

（2）集体所有权。集体所有权是指集体经济组织对集体财产的占有、使用、收益和处分的权利，是集体所有制在法律上的表现。例如《中华人民共和国宪法》规定："农村和城市郊区的土地，除由法律规定属于国家所有的以外，属于集体所有；宅基地和自留地、自留山，也属于集体所有。"

（3）私人所有权。私人所有权是指公民依法享有的占有、使用、收益和处分其生产资料和生活资料的权利，是公民个人所有制在法律上的表现。我国公民个人所有权分为两类：即公民个人生产资料所有权和公民个人生活资料所有权。

6.1.2　校园内的财产所有权

校园是一个区域性概念，校园里的财产分属于学校、教师和学生三类主体。

6.1.2.1 学校的财产

校园是学校的载体，学校办学必须依据一定的物质条件（财产）。学校独立承担民事责任的资格就来源于有适应的经费来源，具有对一定的财产进行占有、使用、支配的权利。

学校的财产主要包括学校建设用地，学校的教室、实习场、食堂等建筑物，花草树木，学校的实习实训设备、实验设备等教育教学设施，各种办公设备等。这些财产中，有些学校拥有所有权，而有些学校可能拥有的只是用益物权或担保物权。

6.1.2.2 教师的财产

校园是教师职业活动的主要场所。教师停放在校内的私家车辆，教师用于备课、上课用的笔记本电脑等电子设备，教师个人购买的教学参考书等资料，教师因为上课而放在办公室内的手机、衣物、钱包等个人拥有所有权的物品等都属于教师的财产。教师的财产还包括教师从图书馆等借阅、租赁使用的各种物品。

6.1.2.3 学生的财产

学生的财产主要是一些学习、生活的资料、财物。虽然未成年学生属于限制民事行为能力人，其民事行为能力受到限制，但其民事权利能力却受到法律的充分保护。随着社会经济环境的变化，学生，尤其是中职学生、大学生的校内财产越来越多。

中职学生的校内财产、物品主要包括：衣服、被褥等必备的生活用品；书包、书本、个人购买的小型实习工具等学习用品；手机、笔记本电脑、游戏机等电子设备；住宿学生必需的生活费、零用钱；个人获得的助学金、奖学金等助学资金等。

学生对于自己所有的物品、财产拥有所有权，具有占有、使用、收益和处分的全部权能。但是由于其行为能力的限制，某些与年龄、智力等不相符的权利不能独立行使，而必须由其监护人代为行使。否则，行为无效，不受法律保护。

6.1.3 财产所有权的保护

6.1.3.1 宪法保护

宪法是国家的根本大法，其对财产所有权的保护规定，对其他部门法的制定和修订具有指导意义。

【法条链接】《中华人民共和国宪法》（节选）

第十二条 社会主义的公共财产神圣不可侵犯。

国家保护社会主义的公共财产。禁止任何组织或者个人用任何手段侵占或者破坏国家的和集体的财产。

第十三条　公民的合法的私有财产不受侵犯。

国家依照法律规定保护公民的私有财产权和继承权。

国家为了公共利益的需要，可以依照法律规定对公民的私有财产实行征收或者征用并给予补偿。

6.1.3.2　民法保护

财产所有权的民法保护是指财产所有人在其财产所有权受到侵害以后，由国家机关通过法定程序，采取民事保护方法，或者权利人自己采取民事保护方法，防止或者减少权利受到侵害，或使受到侵害的权利得到恢复。

【法条链接】《中华人民共和国物权法》（节选）

第四条　国家、集体、私人的物权和其他权利人的物权受法律保护，任何单位和个人不得侵犯。

第六十四条　私人对其合法的收入、房屋、生活用品、生产工具、原材料等不动产和动产享有所有权。

第六十五条　私人合法的储蓄、投资及其收益受法律保护。

国家依照法律规定保护私人的继承权及其他合法权益。

第六十六条　私人的合法财产受法律保护，禁止任何单位和个人侵占、哄抢、破坏。

6.1.3.3　行政法保护

行政法律、法规对于财产所有权的保护规定，侵犯公私财产，尚不够犯罪的，给予相应的行政处罚。

【法条链接】《中华人民共和国治安管理处罚法》（节选）

第四十九条　盗窃、诈骗、哄抢、抢夺、敲诈勒索或者故意损毁公私财物的，处五日以上十日以下拘留，可以并处五百元以下罚款；情节较重的，处十日以上十五日以下拘留，可以并处一千元以下罚款。

6.1.3.4　刑法保护

对于侵犯公民合法财产所有权的犯罪行为，刑法以抢劫罪、抢夺罪、盗窃罪、诈骗罪、敲诈勒索罪等罪名予以严惩。例如，《刑法》第二百六十六条规定："诈骗公私财物，数额较大的，处三年以下有期徒刑、拘役或者管制，并处或者单处罚金；数额巨大或者有其他严重情节的，处三年以上十年以下有期徒刑，并处罚金；数额特别巨大或者有其他特别严重情节的，处十年以上有期徒刑或者无期徒刑，并处罚金或者没收财产。本法另有规定的，依照规定。"

6.2 校园内的侵财行为

6.2.1 毁坏财物行为

【案例6-2】某校高中学生吴某在教学楼内玩球，将一个价值300元的吊灯打坏。学校在查明事实经过后，依据学校有关"损坏公物要赔偿"的规章制度，对吴某作出处理决定：（1）给予警告处分；（2）照价赔偿吊灯。

【案例6-3】课桌陪伴着学生的学习生涯，本应得到学生的爱护和关照。然而在一些学校，所谓的"课桌文化"，"划"的课桌面目全非。"死了都要爱"、"××我爱你"，甚至一些污言秽语公然就刻在课桌上。这些"伤痕"，成为课桌"抹不去的伤痛"。

6.2.1.1 纪律处分

在校园内故意毁坏他人的私有财产是严重的违纪行为，要受到严厉的纪律处分。

禁止在教学楼内打逗、禁止在教学楼等非运动空间内进行踢球等运动，以保证应有的公共秩序和公共安全。学校有明确的制度规定，应对学生进行宣传教育。每一名校园人都应知晓并严格遵守学校的规章制度。明知制度禁止而故意实施的行为，就是一种故意，必然会受到相应的纪律处分。

课桌椅以及其他教育教学设备设施，是学校的公共财产，校园里的每一个人都有义务维护其正常的使用功能，不得故意破坏、毁损。在课桌椅上乱刻乱画是不道德行为，也是故意损害公共财物的行为，是学校纪律严厉禁止的行为。例如天津市劳动保护学校《学生奖惩制度》规定："故意破坏公物价值在50~100元以内者（含100元）给予警告处分，100~150元以内者（含150元）给予记过处分，超过150元者视情节给予留校察看或开除学籍处分。"

6.2.1.2 民事责任

赔偿损失是承担民事责任的一种最基本的形式。案例6-2中的吴某打坏学校吊灯的行为是毁坏公共财物行为，案例6-3中故意在学校所有的课桌椅上刻划涂抹，影响了课桌椅的周转使用，虽然其主观上并不是故意损坏，但客观上确实损坏了学校的财产。因此，学校做出其照价赔偿的决定是无可厚非的。

6.2.1.3　行政处罚

故意毁坏公私财物的行为，尚未构成犯罪的，根据《治安管理处罚法》的规定，将会受到治安行政处罚。

【法条链接】《中华人民共和国治安管理处罚法》（节选）

第二十六条　有下列行为之一的，处五日以上十日以下的拘留，可以并处五百元以下罚款；情节较重的，处十日以上十五日以下拘留，可以并处一千元以下罚款：（扰乱公共秩序的行为）

（一）结伙斗殴的；

（二）追逐、拦截他人的；

（三）强拿硬要或者任意损毁、占用公私财物的；

（四）其他寻衅滋事行为。

6.2.1.4　刑事责任

故意毁损公私财物的行为，因为犯罪构成的差异，或构成不同的犯罪，其刑事责任各有不同。

（1）故意毁坏财物罪。这是指故意毁灭或者损坏公私财物，数额较大或者有其他严重情节的行为。其犯罪构成具体如下：

主体要件，是一般主体，凡达到刑事责任年龄且具备刑事责任能力的自然人均能构成本罪。

主观要件，表现为故意。犯罪目的不是非法获取财物而是将财物毁坏。犯罪动机各种各样，一般是出于个人报复或妒忌等心理。

客体要件，是公私财物的所有权。犯罪对象可以是各种形式的公私财物，包括生产资料、生活资料；动产、不动产等等。

客观要件，表现为毁灭或者损坏公私财物数额较大或者有其他严重情节的行为。

《刑法》第二百七十五条规定："故意毁坏公私财物，数额较大或者有其他严重情节的，处三年以下有期徒刑、拘役或者罚金；数额巨大或者有其他特别严重情节的，处三年以上七年以下有期徒刑。"

（2）放火罪、决水罪、爆炸罪、投放危险物质罪、以危险方法危害公共安全罪。实施该类犯罪的后果也可能表现为对公私财物的毁损，但客观上行为人使用放火、决水、投毒、爆炸等危险方法，危害的不仅仅是公私财物，更严重的是危害公共安全，应当以危害公共安全罪中的有关犯罪论处。

（3）破坏交通工具罪、破坏交通设施罪。该类犯罪，行为人故意毁坏的是正在使用的交通工具、交通设施，也表现为对火车、汽车、船只等交通工具的损坏。但损坏这些正在使用的交通工具、交通设施，可能会带来车毁人亡等严重后果，其所侵害的是不特定的、多数人的生命健康和社会安全秩序，因此，构成破坏交通工具罪、破坏交通设施罪等罪名。

《刑法》第一百一十六条规定："破坏火车、汽车、电车、船只、航空器，足以使火车、汽车、电车、船只、航空器发生倾覆、毁坏危险，尚未造成严重后果的，处三年以上十年以下有期徒刑。"

第一百一十七条规定："破坏轨道、桥梁、隧道、公路、机场、航道、灯塔、标志或者进行其他破坏活动，足以使火车、汽车、电车、船只、航空器发生倾覆、毁坏危险，尚未造成严重后果的，处三年以上十年以下有期徒刑。"

6.2.2　抢劫行为

6.2.2.1　抢劫罪的概念

【案例6-4】2011年9月至2012年6月间，被告人赵某某、赵某、马某某先后在沈阳某中学校园内及附近，采取语言威胁的手段，劫取被害人钱财人民币1005元。每次劫取钱财数额均不大，但次数较多，抢劫对象主要系该中学在校学生。在获得赃款后，三人将赃款挥霍殆尽。

一审法院依法判处赵某某有期徒刑五年、赵某有期徒刑三年、马某某有期徒刑一年二个月。宣判后，赵某某以量刑过重为由提出上诉。二审法院驳回上诉，维持原判。

抢劫罪是以非法占有为目的，对财物的所有人或者保管人当场使用暴力、胁迫或其他方法，强行将公私财物抢走的行为。

6.2.2.2　抢劫罪的犯罪构成要件

（1）主体要件。抢劫罪的主体为一般主体。年满14周岁并具有刑事责任能力的自然人，均能构成该罪的主体。

（2）主观要件。抢劫罪在主观方面表现为直接故意，并具有将公私财物非法占有的目的，如果没有故意，就不构成抢劫罪。如果行为人只抢回自己被骗走或者赌博输的财物，不具有非法占有他人财物的目的，不构成抢劫罪。

（3）客体要件。抢劫罪侵犯的客体是公私财物的所有权和公民的人身权利。对于抢劫犯来说，最根本的目的是要抢劫财物，侵犯人身权利只是其使用的一种手段。

（4）客观要件。抢劫罪在客观方面表现为行为人对公私财物的所有者、保管者或者守护者当场使用暴力、胁迫或者其他对人身实施强制的方法，强行劫取公私财物的行为。

6.2.2.3 抢劫罪的处罚

抢劫既侵害了被害人的财产权益，又侵害了被害人的人身权益，因此，即使抢劫的数额不高，但若抢劫次数较多，仍可能被判处较重的刑罚。

案例6-4中，三被告人以非法占有为目的，采取语言威胁的手段，劫取公民财物，虽然金额不大，但次数不少，情节较为严重，其行为已构成抢劫罪。虽然三被告系未成年人，但对于抢劫等重大暴力性犯罪仍然要依法追究其刑事责任。考虑三被告人均系已满十四周岁但未满十六周岁未成年人，法院才做出如上从轻判决。

6.2.3 盗窃行为

6.2.3.1 盗窃罪的概念

【案例6-5】大学生李某，看到室友肖某买了一台笔记本电脑，心中动了贪念。有一天，李某先离开宿舍，谎称去图书馆。过了一阵儿，他觉得肖某此刻也应该离开宿舍了，就悄悄地溜回宿舍把电脑偷走藏了起来。当肖某再回到宿舍发现电脑被盗时，李某已经藏好电脑又回到了图书馆，假装一直没有回去过。担心败露，李某把电脑给卖了，得到了6000多元。肖某报案，警方确定系李某所为。李某涉嫌盗窃罪，摊上了"大事"。

盗窃罪是指以非法占有为目的，秘密窃取公私财物数额较大或者多次盗窃公私财物的行为。

6.2.3.2 盗窃罪的客观要件

盗窃罪在客观方面，表现为行为人具有秘密窃取数额较大的公私财物或者多次秘密窃取公私财物的行为。该要件涉及三个要素：

（1）秘密窃取，是指行为人采取自认为不为财物的所有者、保管者或者经手者发觉的方法，暗中将财物取走的行为。"秘密"是盗窃罪最典型的行为特征。

（2）数额较大，是指盗窃金额应达到"较大"，否则不属于犯罪，可给予治安行政处罚。

（3）多次盗窃，是指盗窃金额虽然没有达到"较大"但实施了多次盗窃的，一般是指1年以内入户盗窃或者在公共场所扒窃3次以上的，即为多次，也可认定为犯罪。

6.2.3.3 盗窃罪的处罚

盗窃罪的处罚见表6-1。

表6-1 盗窃罪的处罚

情节特征	金额起点	量刑规定
数额较大	500~2000元	三年以下有期徒刑、拘役或者管制，并处或者单处罚金
数额巨大	5000~20000元	三年以上十年以下有期徒刑，并处罚金
数额特别巨大	30000~100000元	十年以上有期徒刑或者无期徒刑，并处罚金或者没收财产

6.2.4 敲诈勒索行为

【案例6-6】中学生赵某，17周岁。一天，在卫生间遇见正在解手的低年级学生张某，赵某强行用手机给他拍照，找他要钱。赵某对张某说自己是混社会的，不给钱就把照片发到网上去。张某很害怕，将自己身上的30块钱给了赵某。以后，赵某陆续向张某要了五次钱，累计达1500元。最后一次，赵某要500块钱，张某说没有钱。赵某指着张某说："明天中午放学把钱拿来，否则就让你出丑。"张某不敢上学，被家长发现、报案，赵某归案。赵某说："我只是觉得这事儿挺好玩，要的钱也不多，不知道后果这么严重。"赵某后被判处有期徒刑六个月。

6.2.4.1 敲诈勒索罪的概念

案例6-6中赵某所为，是典型的校园敲诈勒索行为。以不给钱就公开隐私的方法，威胁张某交出财物，造成张某不敢上学的严重后果，赵某的行为已经触犯刑法，构成敲诈勒索罪，最终受到法律的惩罚。

敲诈勒索罪是指以非法占有为目的，对公私财物的所有人、保管人使用威胁或者要挟的方法，勒索公私财物的犯罪行为。

6.2.4.2 敲诈勒索罪的犯罪构成

（1）主体要件。本罪的主体为一般主体。凡达到法定刑事责任年龄且具有刑事责任能力的自然人均能构成本罪。

（2）主观要件。本罪在主观方面表现为直接故意，必须具有非法强索他人财物的目的。如果行为人不具有这种目的，或者索取财物的目的并不违法，如债权人为讨债而使用带有一定威胁成分的语言，催促债务人加快偿还等，则不构成敲诈勒索罪。

（3）客体要件。本罪不仅侵犯公私财物的所有权，还危及他人的人身权利或者其他权益。本罪侵犯的对象为公私财物。

（4）客观要件。本罪在客观方面表现为行为人采用威胁、要挟、恫吓等手段，迫使被害人交出财物的行为。

6.2.4.3　敲诈勒索罪的处罚

行为人敲诈勒索数额较小的公私财物的，不以犯罪论处，可按一般违法行为予以行政处罚。敲诈勒索的行为只有数额较大时，才构成犯罪。

数额巨大或者有其他严重情节，是本罪的加重情节。所谓情节严重，主要是指：敲诈勒索罪的惯犯，敲诈勒索罪的连续犯，对他人的犯罪事实知情不举并乘机进行敲诈勒索的，乘人之危进行敲诈勒索的，冒充国家工作人员敲诈勒索的，敲诈勒索公私财物数额巨大的，敲诈勒索手段特别恶劣造成被害人精神失常、自杀或其他严重后果等。

【法条链接】《最高人民法院、最高人民检察院关于办理敲诈勒索刑事案件适用法律若干问题的解释》（节选）

第一条　敲诈勒索公私财物价值二千元至五千元以上、三万元至十万元以上、三十万元至五十万元以上的，应当分别认定为刑法第二百七十四条规定的"数额较大"、"数额巨大"、"数额特别巨大"。

第二条　敲诈勒索公私财物，具有下列情形之一的，"数额较大"的标准可以按照本解释第一条规定标准的百分之五十确定：

（一）曾因敲诈勒索受过刑事处罚的；

（二）一年内曾因敲诈勒索受过行政处罚的；

（三）对未成年人、残疾人、老年人或者丧失劳动能力人敲诈勒索的；

（四）以将要实施放火、爆炸等危害公共安全犯罪或者故意杀人、绑架等严重侵犯公民人身权利犯罪相威胁敲诈勒索的；

（五）以黑恶势力名义敲诈勒索的；

（六）利用或者冒充国家机关工作人员、军人、新闻工作者等特殊身份敲诈勒索的；

（七）造成其他严重后果的。

第三条　二年内敲诈勒索三次以上的，应认定为刑法第二百七十四条规定的"多次敲诈勒索"。

6.3　校园借贷

6.3.1　校园借款

【案例6-7】"张老师，您借我100块钱行吗，我回家没有车费了"。住校生段某找班主任张老师借钱来了。本来，这周来校的时候，家里也给了够用的伙食费和零用钱，怎奈挡不住其他同学"热情相邀"，跟同学们偷偷地去了几次网吧。结果到了周五放学，段某连买长途汽车票回家的30块钱都没有了。

6.3.1.1　校园借款的含义

本节所讲的校园借款，特指存在于校园内部的学生与老师之间、学生与学生之间的借款行为。案例中段某的行为就是典型的校园借款行为。在中职学校，住宿学生较多，学生相对的独立支出款项较多，如果缺乏计划消费、合理消费的观念，"捉襟见肘"是经常现象。校园借款行为，不可忽视。

6.3.1.2　校园借款的特点

（1）主体特定。借款双方往往具有特定的关系，一是学生向自己熟悉的老师、班主任、辅导员借钱；二是同班或者"老乡"同学之间的相互借款行为。

（2）借款的标的金额一般较小，往往是一时的"手头拮据"所致。

（3）一般都没有利息的约定。

（4）借款的期限一般没有明确约定，但实际上都不会时间太长。

（5）一般采取口头形式，没有书面的借款合同。

6.3.1.3　校园借款建议

（1）为了培养学生的法治观念、诚信品质，建议学校、班主任可以指导学生会、班委会制定"校园个人借款协议"（见表6-2），对校园借款行为进行约束，防止产生负面影响。

（2）设定校园借款的限额。中职学生是未成年人，属于限制民事行为能力人。其所借金额，如果超出其年龄、智力和能力所限，可能会产生法律效力上的争议。《民法总则》第十九条规定："八周岁以上的未成年人为限制民事行为能力人，实施民事法律行为由其法定代理人代理或者经其法定代理人同意、追认，但是可以独立实施纯获利益的民事法律行为或者与其年龄、智力相适应的民事法律行为。"

（3）发挥班委会等学生组织的作用，对校园内借款行为进行监督。

表6-2　校园个人借款协议（样本）

甲方（借款人）		班级		联系方式		家庭住址	
乙方（出借人）		班级		联系方式		家庭住址	
借款金额	大写：			小写：		限额不得超过300元	
借款事由						无利息约定	
借款期限				还款日期			

交付方式	甲乙双方在本协议上签字，即表示乙方已将款项交付甲方，甲方已收到借款			
违约责任	如有违约，甲方自愿在班内作书面检讨			
争议解决	发生争议，双方协商解决；协商不成时，均可向有管辖权的人民法院起诉			
生效方式	本协议自签字之日起生效，一式三份，双方各执一份、班级生活委员一份			
见证人				
签字	甲方： 乙方：	签订日期	年 月 日	

6.3.2 校园贷

【**案例 6-8**】河南某校学生郑某从 2015 年 2 月接触赌球，一发不可收拾。为赌球、为个人消费，他借用、冒用 28 名同学的身份证、学生证、家庭住址等信息，通过各种网贷平台进行贷款，总金额高达 58.95 万元。

2016 年 3 月 9 日晚上，郑某给他父亲发出最后一条短信从一家宾馆的 8 楼跳下，结束了自己 21 岁的生命。

郑某走了，但他以 28 位同学之名欠下的 58.95 万元贷款，却给家属、学校、同学、借贷公司留下了难题。

6.3.2.1 校园贷的概念

校园贷又称校园网贷，不是专门的法律、金融术语，是一些网络贷款平台、民间贷款机构面向在校大学生开展的贷款、分期购物等业务的统称。

虽然，校园贷主要集中于高校，但其问题的严重性足以引起其他各级各类学校的重视，应当及早敲起警钟！

6.3.2.2 校园贷引发的问题

校园贷针对的是没有经济来源的在校学生，他们涉世不深，又有较高的消费欲望，极易被"吸引"过去。

校园贷对贷出款项缺乏监管，真正用于学习和生活必须消费的并不多，容易引发赌博、酗酒等不良恶习，严重的可能因无法还款而逃课、辍学。

此外，某些校园贷款机构经常采用频繁短信、向学校告发、威逼恐吓、"黑社会"上门、骚扰家人等暴力催收行为，这既对学生的人身安全造成威胁，也影响了学校的日常治安管理。

6.3.2.3 校园贷的利息问题

正常的民间借贷关系是受法律保护的。根据《中华人民共和国合同法》第二百一十一条规定："自然人之间的借款合同约定支付利息的，借款的利率不得违反国家有关限制借款利率的规定。"

《最高人民法院关于审理民间借贷案件适用法律若干问题的规定》第二十六条规定："借贷双方约定的利率未超过年利率24%，出借人请求借款人按照约定的利率支付利息的，人民法院应予支持。借贷双方约定的利率超过年利率36%，超过部分的利息约定无效。借款人请求出借人返还已支付的超过年利率36%部分的利息的，人民法院应予支持。"

校园贷过高的利息是没有法律依据的，这是同学们需要注意的问题。

6.3.3　"裸条"问题

【案例6-9】2016年11月30日，一个10G的"大学生裸条"照片、视频压缩包在网上流传开，里面包含167名女大学生手持身份证的裸照及视频，甚至包括所谓的"肉偿"视频。文件中还包含着女大学生的学信网资料、身份证、手机号等信息，引发严重的社会关注。

6.3.3.1　"裸条"

"裸条放款"又称为"裸条"、"裸贷"，属于网络用语，是指一些高利贷团伙通过网络借贷平台向大学生提供借款时，以借款人手持身份证的裸体照片替代借条。当发生违约不还时，放贷人以公开裸体照片和与借款人父母联系的手段作为要挟逼迫借款人还款。

6.3.3.2　"裸条"的合法性问题

以裸照为担保物的合同无效。《民法总则》第八条规定："民事主体从事民事活动，不得违反法律，不得违背公序良俗。"

"裸条放款"，出借人要求借款人以裸照作为抵押物的行为，既违反法律规定，也违反公序良俗的民事活动原则，因而是一种无效的合同。

6.3.3.3　遭遇"裸条"的维权

无效的或者被撤销的民事法律行为自始没有法律约束力，以裸照为担保的借贷合同是无效的，借款人可及时索回并要求彻底清理。

借款未还时，放贷人以公开或出售裸照进行威胁，涉嫌刑事犯罪。受害人应尽快在第一时间向公安机关报警。2017年1月19日，甘肃定西警方抓获一名"裸条"放贷者杨某，并以敲诈勒索罪对犯罪嫌疑人杨某刑事拘留。

如果发现个人照片或身份信息被公开或贩卖的，及时采取法律手段维权，防止权利被进一步侵害。

【法条链接】《中华人民共和国民法总则》（节选）

第一百四十三条　具备下列条件的民事法律行为有效：

（一）行为人具有相应的民事行为能力；

（二）意思表示真实；

（三）不违反法律、行政法规的强制性规定，不违背公序良俗。

第一百五十三条　违反法律、行政法规的强制性规定的民事法律行为无效，但是该强制性规定不导致该民事法律行为无效的除外。

违背公序良俗的民事法律行为无效。

第一百五十五条　无效的或者被撤销的民事法律行为自始没有法律约束力。

问题与测试

一、填空题

（1）民事主体从事民事活动，不得违反_____，不得违背公序良俗。

（2）敲诈勒索罪，是指以_____为目的，对公私财物的所有人、保管人使用_____或者要挟的方法，勒索公私财物的犯罪行为。

（3）物权是权利人依法对特定的物享有直接_____和排他的权利。

（4）毁坏公私财物行为侵害的客体是公私财产_____权。

（5）物权的客体是物，包括动产和_____。

二、判断题

（1）物权是一种排他的权利。（　　　）

（2）无效的民事法律行为自始没有法律约束力。（　　　）

（3）民事主体从事民事活动，不得违背公序良俗。（　　　）

（4）所有权是对特定物进行永久、全面支配的物权。（　　　）

（5）公民合法的私有财产不受侵犯。（　　　）

三、选择题

（1）担保物权，不包括（　　）权能。

　　A. 占有权　　　　　B. 使用权　　　　　C. 收益权　　　　　D. 处分权

（2）下列说法，正确的是（　　）。

　　A. 张某不能出卖自己所有的汽车

　　B. 张某可以把自己的房屋租赁给李某使用

　　C. 张某对自己购买的手机只有一年的使用权

　　D. 张某对自己购买的汽车无使用权

（3）中职生张某 15 岁，其下列做法中合法有效的是(　　)。

  A. 张某把家长花 3000 元给买的手机卖给李某

  B. 张某到商场花 150 元买了一件 T 恤衫

  C. 张某出卖自己名下的一幢房屋

  D. 张某在路边牌桌玩牌，赢了 5000 元

（4）两年内敲诈勒索(　　)以上的，应认定为《刑法》第二百七十四条规定的"多次敲诈勒索"。

  A. 2 次   B. 3 次   C. 4 次   D. 5 次

（5）关于所有权的说法，错误的是(　　)。

  A. 所有权是一种自物权   B. 所有权是一种完全物权

  C. 所有权是一种原始物权   D. 所有权是一种永久权

四、根据本章内容的学习，回答下列问题：

（1）你有过向同学、老师借款的经历吗？

（2）你认为校园借款行为的影响有哪些？

（3）同学之间借款不还，你如何评价？

（4）作为在校生，你认为该如何保证自己的财物安全？

7 婚恋中的法律责任

7.1 校园恋情的警醒

7.1.1 行为失范，徒增青春烦恼

【案例7-1】2011年，重庆邮电大学成立由在校生组成的校园文明督查队。督查员由在校学生自愿担任，以学生管学生的方式，督查学生中的不文明行为。他们主要督查的不文明行为有七类，其中的第二类为"公共场所男女拥抱接吻等不文明行为"。遇到这类情况，他们会说："同学，周围有很多同学看着呢，请注意一下影响。"据悉，对于不听劝导甚至屡教不改的"不文明"学生，该校每学期开办学生素质培训班，让这些学生前往培训。

类似的报道，并不少见，很多大学都将情侣在校园内的亲密行为，认定为不文明行为，干涉的具体措施各种各样。姑且不论督查、曝光的合法性，单就这些事情本身就可以看出学校对于学生在校园内亲密行为的态度是基本一致的。

大学生是成年人，学校都是如此态度。那么中职学生是未成年人，学校的态度该是非常明朗的了！中职学校里的校园恋情之所以受到限制，主要是因为：

（1）影响个人的学习和生活。有的同学认为："只要两个人愿意，谈恋爱不会影响学习。"这是极不客观的。实际上，沉溺于校园恋情的很多学生，感情为对方所牵制，精力分散，往往导致学习成绩的下降。

（2）校园行为失范的消极评价。举止文明是学生的基本要求。男女生之间勾肩搭背、搂搂抱抱等行为都被学校列为不文明行为，受到学校各种形式的干涉，即使排除纪律处分，有不良行为的学生在日常行为考核、操行评定、评优、毕业推荐等方面也会受到一定的影响。

（3）恋情受挫的心理危机。校园恋情容易导致情绪上的不稳定。有的因为早恋受挫、异性朋友离开而怀疑他人、人生，给自己的感情生活投下阴影，甚至影响将来成年后的婚姻生活。

7.1.2　处理不当，引发校园暴力

2014 年至 2016 年 4 月，天津市法院共受理校园暴力案件 120 件，刑事案件 82 件，其中聚众斗殴案件 58 件（占 70.73%），故意伤害案件 11 件（占 13.42%）。而"搞对象"等男女同学关系处理不当是引发校园暴力的主要根源。处于中职阶段的年轻人，他们的心理仍处在发展阶段，行为处事缺乏理性分析，易冲动，自制力不强。在与异性交往，特别是与所谓的"对象"交往中极易感情用事，容易引发一系列的问题。

【案例 7-2】2014 年 3 月的一天，武平某校的吴某（另案处理）与隔壁班的同学钟某（另案处理）因为一女同学争风吃醋，发生纠纷，双方约定到公园决斗。吴某打电话让张某（另案处理）请刘某、肖某、王某和杨某等同学吃饭，帮忙打架。当日下午 5 时许，吴某看见钟某带人从水闸桥边走过来后，吴某持铁管冲上去殴打钟某，钟某见状立即跑开。众人追去，肖某、刘某等人用铁管殴打钟某，致其骨折多处，经鉴定属轻伤二级。四被告人刘某、肖某、王某、杨某先后到派出所投案。

武平县人民法院经审理认为，四被告人受他人邀集后，持械积极参与斗殴，致一人轻伤，四被告人的行为均构成聚众斗殴罪。四被告人聚众斗殴致一人轻伤，应对四被告人酌情从重处罚。四被告人犯罪时均不满十八周岁，均能主动投案，并如实供述自己的罪行，具有自首情节，对四被告人依法减轻处罚，可对四被告人依法宣告缓刑。依照《中华人民共和国刑法》有关规定，武平县人民法院以聚众斗殴罪，判处四被告人有期徒刑一年八个月，缓刑两年六个月。

本案是一起不谙世事的同窗学子因小事，为面子，逞强好胜，相互约定并纠集他人在城区公园持械聚众斗殴的案件。纠集的人员涉及城区好几所中学的未成年学生。未成年学生爱面子、讲义气、讲情面，平时不注重法律知识的学习，不三思而后行，在酒足饭饱后，对纠集者言听计从，不问事件缘由，在他人邀集下伙同他人持械斗殴，结果被以聚众斗殴罪受到刑罚的惩罚。

【案例 7-3】王某（16 岁）因同一所学校的校友张某（17 岁）与自己的女朋友关系密切而对张某心生不满。2015 年 5 月的一天，王某见张某又与自己的女朋友在一起觉得很没面子，遂与张某发生争吵并自称要与张某约时间

"谈一谈"。2015 年 5 月 30 日 12 时许，王某纠集杨某某等三位同学，在校门口附近拦住张某并打了其一记耳光，其他同学也上前动手打人。张某遂掏出随身携带的水果刀乱刺，王某左腋部、右背部被刺伤，杨某某右胸部被刺伤，经抢救无效死亡。当日 13 时 40 分，张某在家长的陪同下到派出所投案自首。

　　法院审理后，一审以故意伤害罪判处被告人张某有期徒刑四年。

　　对异性的爱慕是中职生个体成长到一定阶段的正常生理、心理反应，但早恋却是在错误的时间、错误地点盛开的"罂粟花"。中职生恋爱，往往因一时冲动酿成大祸。在校中职学生早恋已超出了青少年教育和学校管理的范畴，对社会治安的稳定产生了影响，早恋引发的校园暴力也极有可能导致故意伤害犯罪。年轻人要理性看待恋爱情感问题，切勿冲动违反法律，害人害己。

　　案例 7-3 中，张某所负故意伤害罪是严重危害社会的犯罪行为。

7.1.3　爱恋不成，由怨成仇的教训

7.1.3.1　恋爱中的财产纠纷

　　【案例 7-4】 2016 年 8 月，李某与张某相恋，之后张某给李某购买了不少衣服、鞋帽等物品，2017 年的情人节当日张某还给李某购买了一部价值 3500 元的手机，平日里吃喝开销也大部分由张某承担。然而，因为种种原因，二人最终没有走进婚姻殿堂。分手后，张某诉至当地人民法院，要求李某返还他在恋爱期间的各项花费共计 2 万余元。最终，法院经过审理后没有支持张某的诉求。

　　按照我国的传统习俗，彩礼是婚前男方家庭送给女方的一份礼金或财产。只要存在婚姻，就存在彩礼，无论多或者少。约定俗成，彩礼有公认的规则：送彩礼之后，婚约正式缔结，一般不得反悔。若女方反悔，彩礼退还男方；若男方反悔，则彩礼不退还。

　　然而现实中经常出现，给了彩礼之后，却由于种种原因未能结婚，或者结了几天婚就离婚的。在这些情况下，容易产生彩礼纠纷，如果解决不好，会影响社会稳定。为此，我国婚姻法和相关司法解释中规定了明确需要返还彩礼的情形。

　　现实社会生活中，彩礼都是在缔结婚约，或者"订婚"之后，确定结婚时间、准备婚礼之前给付的一部分现金或实物财产，是直接以举办婚礼为目的的。而在其前或者恋爱过程中双方相互给付的一些礼品、物品，不具备彩礼的性质，

法律没有明确的规定。

如果恋爱双方最终没能够结合，要追讨恋爱期间的开支，关键在于确认这些开支是否属于彩礼的性质。日常生活的开支以及小额的、不以结婚为目的的馈赠无需返还。在非婚赠与纠纷案件中，关键事实往往难以举证。双方是否存在恋爱关系、一方是否给付财物以及给付财物是否以结婚为目的的彩礼，属于这类案件的关键事实。而在案例 7-4 中，张某没有提供有力的证据证明给付财物属"彩礼"性质，所以很难得到法院的支持。

我国《民法总则》第一百五十八条规定："民事法律行为可以附条件，但是按照其性质不得附条件的除外。附生效条件的民事法律行为，自条件成就时生效。附解除条件的民事法律行为，自条件成就时失效。"赠送财物的行为就是一种赠与民事法律行为。该行为可以附一定的条件，当条件未成就时，赠与行为就不发生法律效力。

《最高人民法院关于适用〈中华人民共和国婚姻法〉若干问题的解释（二）》第十条规定："当事人请求返还按照习俗给付的彩礼的，如果查明属于以下情形，人民法院应当予以支持：

（一）双方未办理结婚登记手续的；

（二）双方办理结婚登记手续但确未共同生活的；

（三）婚前给付并导致给付人生活困难的。

适用前款第（二）、（三）项的规定，应当以双方离婚为条件。"

7.1.3.2　恋爱不成，诽谤他人

【案例 7-5】大伟和琪琪是同桌，时间一长，大伟对琪琪产生了好感，当他向琪琪提出建立恋爱关系时，被拒绝了。这下可打击了大伟的自尊心。他出于报复，四处散布琪琪与多名男生有不正当关系的谣言。他逢人便说："琪琪还想拉我下水，想利用我的感情获得一些物质需求。"这些流言蜚语传遍了学校，琪琪身上被人泼了污水，整日沉默不语，最后吃安眠药自杀了。最后，法院以诽谤罪判处被告人大伟有期徒刑一年。

本案被告人大伟由于报复动机，有意捏造事实，散布谣言，诋毁、损害琪琪，导致琪琪自杀身亡，因此大伟的行为已构成诽谤罪，依法追究其刑事责任。《刑法》第二百四十六条规定："以暴力或者其他方法，公然侮辱他人或者捏造事实诽谤他人，情节严重的，处三年以下有期徒刑、拘役、管制或者剥夺政治权利。"

诽谤罪是指故意捏造并散布虚构的事实，足以贬损他人人格，破坏他人名

誉，情节严重的行为。诽谤罪的构成要件如下：

（1）主体要件。本罪主体是一般主体，凡达到刑事责任年龄、具有刑事责任能力的自然人均能构成本罪。

（2）主观要件。本罪主观上必须是故意，行为人明知自己散布的是足以损害他人名誉的虚假事实，明知自己的行为会发生损害他人名誉的危害结果，并且希望这种结果发生。行为人的目的在于败坏他人名誉。如果行为人将虚假事实误认为真而加以扩散，或者把某种虚假事实进行扩散但无损害他人名誉的目的，则不构成诽谤罪。

（3）客体要件。本罪侵犯的客体是他人的人格尊严、名誉权。犯罪侵犯的对象是自然人。

（4）客观要件。本罪在客观方面表现为行为人实施捏造并散布某种虚构的事实，足以贬损他人人格、名誉，情节严重的行为。

7.1.3.3 故意报复，性侵他人

【案例7-6】17岁的中职生韦某对女同学小美表白，想做小美的男朋友。小美不同意，韦某就硬拉着小美到校园的僻静角落向她表白，并对小美同学动手动脚，小美奋力反抗并大声呼叫引来值班老师制止并报警。后韦某涉嫌强制猥亵被立案调查。

猥亵是指以寻求刺激或满足性欲为目的，用性交以外的方法实施的淫秽行为。

强制猥亵罪是指以暴力、威胁或者其他手段，采用性交以外的方法猥亵他人，情节严重、构成犯罪的行为。其犯罪构成如下：

（1）主体要件。本罪的主体是一般主体，凡已满16周岁，且具备刑事责任能力的自然人均能构成。

（2）主观要件。本罪在主观上是直接故意，通常表现出追求刺激或者满足行为人的性欲倾向，但一般不具有强行奸淫的目的。

（3）客体要件。本罪侵犯的客体是他人的人格尊严和人身自由权利。侵害对象为自然人，但只限于已满14周岁的男性和女性。猥亵不满14周岁的男女儿童，无需"强制"要件，均构成猥亵儿童罪。

（4）客观要件。本罪在客观上表现为以暴力、胁迫或者其他方法强制猥亵他人。强制就是通过暴力、胁迫或者其他方法违背他人意愿。

【案例7-7】中专男生李某与同校女生兰某某通过微信"搜索附近的人"认识。2016年10月22日下午，李某约兰某某到学校附近的公园见面。因为临近傍晚，公园中游客较少，李某带领兰某某来到公园僻静处后提出要与兰某某发生性关系。兰某某不同意，李某遂强行动手欲与兰某某发生性关系。双发互相撕扯争执时，兰某某大声呼救并及时报警才最终脱离虎口。

强奸罪是指违背妇女意志，使用暴力、胁迫或者其他手段，强行与妇女发生性交的行为，或者故意与不满14周岁的幼女发生性关系的行为。

强奸未遂，是指行为人已经着手实施强奸行为，但由于行为人意志以外的原因而没有得逞的强奸行为。强奸罪的犯罪构成如下：

（1）主体要件。本罪的主体是特殊主体，即年满十四周岁具有刑事责任能力的男子，但在共同犯罪情况下，妇女教唆或者帮助男子强奸其他妇女的，以强奸罪的共犯论处。因此，女子也可以构成强奸罪的犯罪主体。

（2）主观要件。本罪在主观方面表现为故意，并且具有奸淫的目的，即犯罪分子意图与被害妇女发生性交的行为。如果犯罪分子不具有奸淫目的，而是以性交以外的行为满足性欲的，不能构成强奸妇女罪，应以强制猥亵罪等其他罪名论处。

（3）客体要件。本罪侵犯的是妇女的性不可侵犯的权利，即妇女按照自己的意志决定正当性行为的权利。犯罪对象是已满十四周岁的少女和成年妇女。男性不成为本罪的犯罪对象。

（4）客观要件。本罪客观上是使用暴力、胁迫或者其他手段，使妇女处于不能反抗、不敢反抗、不知反抗状态或利用妇女处于不知、无法反抗的状态而乘机实行奸淫的行为；在客观上必须是违背妇女意志。违背妇女意志是强奸罪的本质特征，也是构成强奸罪的最关键的环节。

7.2　婚姻的条件与责任

【课堂活动】戏曲故事——《花为媒》、《刘巧儿》

（1）播放传统戏曲《花为媒》、《刘巧儿》的简短影片或视频；

（2）老师或学生叙述电影故事情节；

（3）从法律的角度分析主人公的行为性质，并适当评价。

这两个关于婚姻权利的戏曲故事，在民间广为流传。争取婚姻自由，

是妇女解放的一大标志。这两个故事的结局可以说是皆大欢喜，但用现今的法律分析，他们的婚姻还是存在一些问题的。

7.2.1 结婚的含义

结婚，法律上称为婚姻成立，是指配偶双方依照法律规定的条件和程序确立夫妻关系的法律行为，并承担由此而产生的权利、义务及其他责任。这种依法确立的夫妻关系，未经法律程序，任何单位、个人或夫妻双方都无权解除。

结婚行为是法律行为。申请结婚的双方当事人必须遵守法律的规定，履行法律规定的结婚登记程序。否则，婚姻关系不受法律保护，不具有合法婚姻的效力。

我国婚姻法规定，要求结婚的男女双方必须亲自到婚姻登记机关进行结婚登记。符合婚姻法规定的，予以登记，发给结婚证。

男女双方一经办理结婚登记手续，领取了结婚证，不论是否举行结婚仪式，也不论是否同居，即属于合法的夫妻关系。

登记结婚后，根据男女双方约定，女方可以成为男方家庭的成员，男方也可以成为女方家庭成员。

7.2.2 结婚的法定条件

7.2.2.1 结婚的条件

根据我国婚姻法的规定，结婚的条件包括：

（1）男女双方完全自愿，不许任何一方对他方加以强迫，也不许任何第三者加以干涉。

（2）必须达到法定婚龄。男不得早于二十二周岁，女不得早于二十周岁。

（3）必须符合一夫一妻制。

7.2.2.2 结婚的禁止条件

所谓禁止条件，是指结婚时应排除的情况，主要有两个方面：

（1）禁止直系血亲和三代以内旁系血亲结婚。

（2）禁止患有医学上认为不应当结婚的疾病的人结婚。

【法条链接】《中华人民共和国婚姻法》（节选）

第二条　实行婚姻自由、一夫一妻、男女平等的婚姻制度。

第十条　有下列情形之一的，婚姻无效：

（一）重婚的；

（二）有禁止结婚的亲属关系的；

（三）婚前患有医学上认为不应当结婚的疾病，婚后尚未治愈的；

（四）未到法定婚龄的。

7.2.3　婚姻中的关系

婚姻法是关于婚姻家庭的法律，其规定了家庭中各种关系之间的权利、义务和责任。

7.2.3.1　夫妻关系

A　夫妻在家庭中的地位

夫妻在家庭中地位平等，这种平等主要是指夫妻间权利义务的平等，包括夫妻在人身方面与财产方面的平等，不允许出现只享受权利不尽义务，或只尽义务不享受权利的不合理现象。

B　夫妻间的人身关系

（1）夫妻双方都有各用自己名字的权利。婚姻双方当事人是平等的，在人格上也应该是独立的，没有人身依附关系。婚后，姓氏没有必要改变。在子女的姓氏问题上，也体现夫妻家庭地位平等原则。子女可以随父姓，也可以随母姓。

（2）夫妻双方都有参加生产、工作、学习和社会活动的自由，一方不得对他方加以限制或干涉。

（3）夫妻双方都有抚养和教育子女的权利和义务。

（4）夫妻双方都有实行计划生育的义务。

C　夫妻的财产关系

（1）夫妻对共同财产有平等的所有权。夫妻的共同财产是指夫妻在婚姻关系存续期间所得的财产。夫妻对共同所有的财产，有平等的处理权，任何一方无权擅自处理，不受双方收入高低的影响。

婚前财产属于个人财产，不属于共同财产，归双方各自所有。

夫妻可以约定婚姻关系存续期间所得的财产以及婚前财产归各自所有、共同所有或部分各自所有、部分共同所有。约定应当采用书面形式。没有约定或约定不明确的，该属于共同财产的，就属于共同财产；该属于个人财产的，就属于个人财产。

夫妻对婚姻关系存续期间所得的财产以及婚前财产的约定，对双方具有约束力。

夫妻对婚姻关系存续期间所得的财产约定归各自所有的，夫或妻一方对外所负的债务，第三人知道该约定的，以夫或妻一方所有的财产清偿。

（2）夫妻间有相互扶养的义务。扶养是一种法律关系，扶养方为义务人，被扶养方为权利人，只有义务人履行扶养义务，才能保证权利人享受权利。扶养是夫妻间相互对等的义务，不是单方义务。夫妻因扶养发生纠纷，可由有关部门进行调解，或向人民法院提起诉讼。

（3）夫妻间有相互继承遗产的权利。

7.2.3.2 父母子女关系

A 父母对子女有抚养教育的义务

抚养，是指父母从物质上对子女的养育和照料。如付给生活费、教育费等，这是子女生活上的保证，是父母的法定义务。教育，是指父母在思想上、品德上对子女的关怀和帮助。《婚姻法》第二十三条规定："父母有保护和教育未成年子女的权利和义务。在未成年子女对国家、集体或他人造成损害时，父母有承担民事责任的义务。"

如果父母不履行对子女的抚养义务，子女有通过诉讼途径获得救济的权利。对于负有抚养义务而拒绝履行的父母，情节恶劣的，还可能面临刑事处罚。

B 子女对父母有赡养扶助的义务

赡养，是指子女在物质上为父母提供必要的帮助。抚养和赡养，意义相同，但方向相反。抚养是长辈对晚辈，赡养是晚辈对长辈。扶助，是指子女在思想上、感情上对父母的尊敬、关心和照顾。子女对父母应尽的义务，既包括物质的给付，也包括感情上、心理上、精神上的尊敬、理解、抚慰等。

如果子女不履行对父母的赡养义务，不给付生活费等基本费用，父母可以通过诉讼途径解决。对于有给付能力而拒绝给付、不履行赡养义务的子女，情节恶劣的，可以以遗弃罪等罪名追究刑事责任。

【课堂活动】 欣赏歌曲《常回家看看》

活动内容：叙述歌词；播放歌曲。

提问：（1）试从法律角度谈谈对歌曲的看法。

（2）谈谈自己在对父母的态度上有什么需要改进之处？

C 父母子女间有相互继承遗产的权利

婚生、非婚生、领养，无论建立父母子女关系的性质如何，子女间在法律上具有同样的权利和义务。

7.2.3.3 其他家庭成员间的关系

（1）祖父母、外祖父母和孙子女、外孙子女之间的抚养赡养义务。有负担能力的祖父母、外祖父母，对于父母已经死亡或父母无力抚养的未成年的孙子女、外孙子女，有抚养的义务。有负担能力的孙子女、外孙子女，对于子女已经死亡或子女无力赡养的祖父母、外祖父母，有赡养的义务。

（2）兄弟姊妹间的扶养关系。有负担能力的兄、姐，对于父母已经死亡或父母无力抚养的未成年的弟、妹，有扶养的义务。由兄、姐扶养长大的有负担能力的弟、妹，对于缺乏劳动能力又缺乏生活来源的兄、姐，有扶养的义务。

问题与测试

一、填空题

（1）_____是婚姻必须经过的法定程序。

（2）已满_____周岁未满_____周岁的自然人有故意伤害致人重伤或死亡行为的，应当负刑事责任。

（3）民法把自然人的行为能力分为_____、_____、_____三种情况。

（4）结婚行为的法律后果是，确立双方的_____关系，并承担由此而产生的_____、_____、_____。

（5）结婚年龄，男不得早于_____周岁，女不得早于_____周岁。

（6）成年人为完全民事行为能力人，可以独立实施_____行为。

二、单项选择题

（1）故意伤害罪，是指故意伤害他人（　　）的行为。

　　A. 身体　　　　　　B. 肢体　　　　　C. 器官　　　　　　D. 健康

（2）中华人民共和国公民的人格尊严不受侵犯。禁止用任何方法对公民进行（　　）。

　　A. 侮辱　　　　　　　　　　　　B. 诽谤

　　C. 诬告陷害　　　　　　　　　　D. 侮辱、诽谤和诬告陷害

（3）我国婚姻法规定，要求结婚的（　　）必须亲自到婚姻登记机关进行结婚登记。

　　A. 男方　　　　　B. 女方　　　　C. 一方　　　　　D. 男女双方

（4）我国婚姻法规定，女性结婚的法定婚龄是（　　）周岁。

　　A. 18　　　　　　B. 20　　　　　　C. 22　　　　　　D. 25

（5）我国《民法总则》规定，（　　）周岁以上的未成年人为限制民事行为能力人。

　　A. 8　　　　　　　B. 10　　　　　　C. 16　　　　　　D. 18

（6）下列说法错误的是（　　）。

　　A. 夫妻在家庭中地位平等　　　　B. 夫妻双方都有各用自己姓名的权利。

　　C. 夫妻双方都有参加生产的自由　　D. 子女只能随父姓，不能随母姓。

三、判断题

（1）法定婚龄具有强制性，晚婚晚育为提倡性规定，无强制性。（　　）

（2）婚姻自由，只要男女双方自愿即可，不受法律限制。（　　）

（3）一般来说，不满 18 岁的未成年人谈恋爱，就被认为是早恋。（　　）

（4）我国实行法定婚龄制度，由法律对结婚的年龄作出统一的规定。（　　）

（5）未成年学生的校园恋情，如果处理不好，会给自己带来不利的影响。（　　）

四、案例分析题

王某与张某自由恋爱，并按当地风俗举行了订婚仪式。王某的母亲李某以张某经常赌博为由反对二人恋爱，并介绍本单位男青年刘某与王某相识，并确立了恋爱关系。王某在与刘某恋爱后曾口头通知张某解除婚约。半年后，当王某与刘某向婚姻登记机关提出结婚登记申请时，张某向当地人民法院起诉，提出以下请求：（1）自己与王某订婚在先，王某单方解除婚约无效，已形成的未婚夫妻关系应予保护；（2）订婚时，按当地风俗曾给王某金项链一条、钻戒一枚作为彩礼，应予返还；（3）李某有干涉婚姻自由的行为，应予惩罚。

根据本案案情，回答下列问题，并说明理由：

（1）王某与张某的婚约是否应予保护？

（2）王某接受张某的订婚礼物是否应予返还？

（3）李某的行为是否构成干涉婚姻自由？

8 社会实践的权利保护

8.1 学生兼职

8.1.1 学生兼职的特征

兼职就是指在本职之外兼任其他职务。学生不是从业者，没有职业——"本"职，也就无所谓"兼职"的问题。如果使用"学生兼职"的概念，那则是针对其学习的主业而言的，意指在学习之外还要从事的事情。学生兼职，具有如下特征：

（1）主体是在校学生。大学中比较普遍，在中职院校也有一定的存在。按照我国《民法总则》的规定，年满 18 周岁的人是成年人，是完全民事行为能力人。年满 16 周岁，以自己的劳动所得为主要生活来源的，视为完全民事行为能力人。《中华人民共和国劳动法》（以下简称《劳动法》）第十五条规定，禁止用人单位招用未满十六周岁的未成年人。除了文艺、体育等特殊用工之外，一般的单位是不能以任何形式雇佣 16 岁以下的未成年人的。因此，兼职学生基本上是已满 18 周岁的大学生、中职学生。

（2）自发性行为。课余兼职、打工，是学生的个人行为。出于对学生学业和安全的考虑，学校、特别是中职学校不主张学生校外兼职。但学校也难找到禁止学生业余时间校外兼职的法律授权。

（3）利用业余时间。对于全日制在校学生来说，其兼职的时间，主要是每天的课余时间、周末的休息时间和寒暑假的集中休息时间。

（4）地点在校外。学生课余兼职、打工的地点，一般是在校外的企事业单位。由于学校对校外单位没有影响力，也由于难以全面掌握学生校外打工信息，所以学校很难实施对学生校外兼职、打工的权利保护。

（5）取得报酬。

8.1.2 学生兼职面临的选择

【案例 8-1】某中职院校数控专业学生宋某 2015 年放暑假时，通过一家中介公司（中介费 60 元）找到一家公司应聘，该公司先对其进行各种体检（体检费 130 元），之后却以宋某体检不合格为由拒绝其入职。宋某找中介公司理论，公司工作人员回答说："是否应聘得上是你自己的事情，我们这儿只收取中介费、负责职业介绍，其他的事情不管。"宋某白白花了 190 元，工作却没找着。

本案例提示同学们，一定要提高警惕，增强自己的辨别力，注意兼职中的选择问题。

8.1.2.1 兼职信息的取得

获得兼职的招聘信息，主要有以下途径：

（1）自己直接获知兼职信息。

1）传统方式，从张贴于路边、橱窗等载体上的广告上获得信息；

2）现代方式，从报纸、杂志、电视、网络等载体上的广告上获得信息；

3）通过他人介绍，包括亲戚、朋友、同学等介绍、告知的信息。

（2）通过职业介绍所等中介公司获知兼职信息。

此外，求职者还可以自己发布求职信息，等待伯乐发现。

8.1.2.2 中介公司的选择

正规的职业中介机构，应当是依法设立，符合法定条件，接受政府主管部门监管的。它可以为求职者提供较为安全的服务。

（1）进入中介公司，要先看看它的室内布置，看其是否具备合法的资质。正规的职业介绍机构必须在营业场所的明显位置张贴《职业介绍许可证》、《工商营业执照》、《税务登记证》和《收费许可证》等资格条件，并公示监督机关的名称、电话等。

（2）假如中介公司要收风险金、抵押金、保险金等项目费用，均属违法，求职者可拒交。

8.1.2.3 招聘信息的选择

（1）招聘广告的鉴别。一个真实的招聘广告，从形式上看，广告用语朴实无华，无故弄玄虚、吊人胃口的感觉。从内容上看，广告要素齐全，使人能全面了解招聘信息。具体应该包括以下内容：

1）清楚、明确的用工单位名称。

2）用工单位的地址。地址应该是真实的、详细的。

3）用工的名额、数量。没有名额限制的招工，轻易不能相信。

4）列明用工的具体条件。没有条件的招工是随便的、不可信的。

5）劳动报酬。异常"高薪"，往往吃亏上当。

（2）要弄清楚招聘的性质。是企业自己用工、自己招聘，中介公司只负责发布用工信息，不论成败；还是中介公司接受委托，代为招聘，将招聘到人员送至用工单位；还是人才中介机构接受委托，以自己的名义招聘人员，再将这些人员派到其他单位工作，实施派遣制用工方式。

【法条链接】《中华人民共和国就业促进法》（节选）

第四十一条 职业中介机构不得有下列行为：

（一）提供虚假就业信息；

（二）为无合法证照的用人单位提供职业中介服务；

（三）伪造、涂改、转让职业中介许可证；

（四）扣押劳动者的居民身份证和其他证件，或者向劳动者收取押金；

（五）其他违反法律、法规规定的行为。

8.1.2.4 对用工单位的选择

（1）看企业的性质。一般来说，企业应该有营业执照，营业执照中注明了企业最关键的一些信息，如企业名称、企业类型、资金规模、营业场所等，是应当首先关注的内容。

（2）看经营规模。一般来说，经营规模的大小与其是否规范、诚信成正比关系。

（3）看员工的精神状态。如果你所见到的工作人员衣衫不整、脏话连篇、浑身烟味、松松垮垮，这样的单位最好别进去。否则，自己也会被染成这种样子。

（4）看工作条件。如果就是一张桌子、两把椅子、一部电话，门店见不到顾客、车间见不到机器，就很危险。

（5）找寻单位在职人员沟通、了解单位的经营状况、员工待遇、单位是否守法经营等真实情况。

8.1.3 学生兼职的保障

【案例8-2】一位中专二年级的女生和同寝室另3名女生一起做兼职。没想到，什么手续不要就上岗了。4名女生走上街头为美容产品做促销，老板承诺：每天工作10个小时，工资80元。但干了6天后，公司不但一分钱没给，还指责她们弄丢了产品，需要赔200元钱。

有些招聘单位以种种借口拒绝与学生签订书面协议，结果打工结束后，因没有书面协议，劳务费无处可讨。有的单位在协议里为自己规定的权利很

多，而给兼职学生的权利很少，这样的协议要谨慎对待，要求其权责明确。

劳务关系是基于双方约定而生的民事法律关系。约定的内容主要取决于双方合意，只要不违反法律即可。因此，学生业余兼职、打工，一旦与用工单位达成一致意见，一定要坚持签署书面的协议。否则，宁愿失去这个机会，也不要冒险！

劳务合同或者劳务协议，是民事合同，是当事人各方在平等协商的情况下达成的，就某一项劳务以及劳务成果所达成的协议，通常意义上是指雇佣合同。

劳务合同是非要式合同，可以书面形式也可以口头形式。法律法规对劳务关系主体的要求，不如对劳动关系主体要求的那么严格。但从维护权益角度说，主张签订书面的劳务协议或合同。这种劳务合同（协议）可简可繁，但是至少应当包括以下主要条款：提供劳务的期间；工作地点；劳务的内容；劳动条件；劳务费标准；结算周期、结算方式；工作中的伤害条款等。

8.1.4　学生兼职的性质与特点

【案例8-3】 职业学校应届毕业生大鹏在某企业做实习生，与公司约定每月2500元工资。但小半年过去了，公司都以业务发展扩大、周转资金不足为由，一直拖欠大鹏工资。大鹏想采取劳动仲裁的方式主张自己的权益，仲裁委却给大鹏出具了《不予受理通知书》。接下来，大鹏持《不予受理通知书》提起劳动争议诉讼，但却被告之案由有误，需要提起"劳务合同"纠纷。

依据现行的劳动法律法规，大鹏的全日制在校生的身份，不能成为法律意义上的"劳动者"，因此未能与用工单位之间建立劳动关系，仅形成劳务关系。所以，仲裁委和法院不受理此类案件。大鹏应向法院提起"劳务纠纷"解决问题。

8.1.4.1　学生兼职的身份性质

根据《劳动法》等法律规定，"劳动者"是一个法律概念，是指达到法定年龄，具有劳动能力，以从事某种社会劳动获得收入为主要生活来源，依据法律或合同的规定，在用人单位的管理下从事劳动并获取劳动报酬的自然人。从现实的规定来看，劳动者的年龄最低为16周岁，最高为60周岁。

《关于贯彻执行〈中华人民共和国劳动法〉若干问题的意见》第12条规定："在校生利用业余时间勤工俭学，不视为就业，未建立劳动关系，可以不签订劳动合同。"

《天津市劳动就业管理条例》第23条规定："用人单位不得以实习名义招用

高等学校、中等专业学校、职业学校和技工学校的在校学生。但是，学校按照教学要求组织的实习除外。"这条规定，实际上就明确了"在校学生"与"劳动者"的区别，"在校学生"不属于法定的劳动者。

因此，一般认为，在校学生不具有法定的劳动者身份，学生兼职不属于法律意义上的就业，不受劳动法等劳动法律规范调整。其应属于劳务性质，按照民法的原则和规定解决纠纷。

8.1.4.2　学生兼职劳务关系的特点

劳务关系，是指提供劳务一方在一定或不特定的期间内，接受雇主的指挥与安排，为其提供特定或不特定的劳动服务，雇佣人接受受雇人提供的劳务并按约定给付报酬的权利义务关系。

劳务关系的主体，法律上基本上没有什么限制。

劳务关系的双方主体之间只存在财产关系，即经济关系，彼此之间无从属性，不存在行政隶属关系，没有管理与被管理、支配与被支配的权利和义务，劳动者提供劳务服务，用人单位支付劳务报酬，各自独立、地位平等。

劳务关系作为一种民事关系，以意思自治为基本原则，当事人在合同条件的约定上有较大的自由。劳务关系中的雇主一般也没有社会保险、最低工资标准等等义务。

劳务关系中，一般用工期限比较短，且具有临时性的特点，因此劳务用工的期限可以由双方自由约定。

在劳务关系中，双方地位平等，一方当事人向另一方支付的报酬完全由双方协商确定，没有类似于劳动法关于最低工资之类的限制性规定，但不得违背民法中平等、公平、等价有偿、诚实信用等原则。

劳务纠纷是平等主体之间在履行合同中所产生的纠纷，适用《民法总则》和《合同法》等民事法律进行规范和调整。除了协商之外，劳务关系纠纷可直接起诉至人民法院。

8.2　勤工助学

8.2.1　勤工助学的含义

中华人民共和国教育部制定的《高等学校学生勤工助学管理办法》（教财〔2007〕7号）（以下简称《办法》）是部门规章，属于教育行政法律的范畴。依据该规定，勤工助学是一个法律概念，具有特定的含义。

根据该《办法》，勤工助学是指学生在学校的组织下利用课余时间，通过劳动取得合法报酬，用于改善学习和生活条件的社会实践活动。勤工助学是学校学生资助工作的重要组成部分，是提高学生综合素质和资助家庭经济困难学生的有效途径。

该《办法》所称高等学校是指根据国家有关规定批准设立、实施高等学历教育的全日制普通本科高等学校、高等职业学校和高等专科学校。因此，该《办法》只适用于上述学校开展的勤工助学活动。对于中职学校来说，就不在该文件的调整范围之内。

该《办法》第六条规定："勤工助学活动由学校统一组织和管理。任何单位或个人未经学校学生资助管理机构同意，不得聘用在校学生打工。学生私自在校外打工的行为，不在本办法规定之列。"

勤工助学的岗位，可以是校内的岗位，也可以是学校勤工助学管理服务组织开发的校外勤工助学岗位，但都应纳入学校的统一管理中。

8.2.2　勤工助学的酬金

勤工助学酬金的标准，根据岗位的具体情况有所不同。

（1）校内固定岗位按月计酬。以每月 40 个工时的酬金原则上不低于当地政府或有关部门制定的最低工资标准或居民最低生活保障标准为计酬基准，可适当上下浮动。

【资料链接】 2017 年天津市最低工资标准

天津市最低工资标准每月 2050 元。

天津市非全日制用工劳动者最低小时工资标准每人每小时 20.8 元。

（2）校内临时岗位按小时计酬。每小时酬金可参照学校当地政府或有关部门规定的最低小时工资标准合理确定，原则上不低于每小时 8 元人民币。

（3）校外勤工助学酬金标准不应低于学校当地政府或有关部门规定的最低工资标准，由用人单位、学校与学生协商确定，并写入聘用协议。

学生参与校内非营利性单位的勤工助学活动，其劳动报酬由学生勤工助学管理服务组织从勤工助学专项资金中支付；学生参与校内营利性单位或有专门经费项目的勤工助学活动，其劳动报酬原则上由用人单位支付或从项目经费中开支；学生参加校外勤工助学，其劳动报酬由校外用人单位按协议支付。

8.2.3　勤工助学协议

学生在校内开展勤工助学活动的，学生勤工助学管理服务组织必须与学生签订具有法律效力的协议书。

学生在校外开展勤工助学活动的，学生勤工助学管理服务组织必须经学校授权，代表学校与用人单位和学生三方签订具有法律效力的协议书。

签订协议书并办理相关聘用手续后，学生方可开展勤工助学活动。

《关于贯彻执行〈中华人民共和国劳动法〉若干问题的意见》第十二条规定：在校生利用业余时间勤工俭学，不视为就业，未建立劳动关系，可以不签订劳动合同。因此，勤工助学协议不属于劳动合同，而是一种民事合同。

协议书必须明确学校、用人单位和学生等各方的权利和义务，明确开展勤工助学活动的学生如发生意外伤害事故的处理办法以及争议解决方法。

在勤工助学活动中，若出现协议纠纷或学生意外伤害事故，协议各方应按照签订的协议协商解决。

如不能达成一致意见，应按照有关法律法规规定的程序办理，而不能按照劳动争议的途径解决。

8.3　顶岗实习

8.3.1　顶岗实习的含义

根据教育部等五部门关于印发《职业学校学生实习管理规定》的通知（教职成〔2016〕3号）的规定，职业学校学生实习包括认识实习、跟岗实习和顶岗实习等形式。其中，顶岗实习是职业院校学生实习的一种形式，是指初步具备实践岗位独立工作能力的学生，到相应实习岗位，相对独立参与实际工作的活动。

8.3.2　顶岗实习的性质

顶岗实习不同于其他方式的地方，在于它使学生相对独立地履行其实习岗位的所有职责，独当一面，具有很大的挑战性，对学生能力的锻炼起很大的作用。顶岗实习一般为6个月。由于顶岗实习期间，学生相对独立完成工作任务，因此应当得到一定的实习报酬，俗称带薪实习。

顶岗实习是由学校安排到实习单位进行专业技能培养的一种实践性教育教学活动，是实现职业教育培养目标，增强学生综合能力的基本环节，是教育教学的核心部分。顶岗实习学生不具有《劳动法》规定的劳动者的法定条件，顶岗实习不属于就业。其所得实习报酬不属于法律意义上的工资，具有生活补贴的意义，但一般也可以称之为工资。

接收学生顶岗实习的实习单位，应参考本单位相同岗位的报酬标准和顶岗实习学生的工作量、工作强度、工作时间等因素，合理确定顶岗实习报酬，原则上不低于本单位相同岗位试用期工资标准的80%，并按照实习协议约定，以货币形式及时、足额支付给学生。

8.3.3　顶岗实习协议

为更好维护学生合法权益和相关各方的利益，职业学校在安排学生参加跟岗实习、顶岗实习前，职业学校、实习单位、学生三方应签订实习协议。协议文本由当事方各执一份。

未按规定签订实习协议的，不得安排学生实习。

实习协议应明确各方的责任、权利和义务，协议约定的内容不得违反相关法律法规。实习协议应包括但不限于以下内容：

(1) 各方基本信息；

(2) 实习的时间、地点、内容、要求与条件保障；

(3) 实习期间的食宿和休假安排；

(4) 实习期间劳动保护和劳动安全、卫生、职业病危害防护条件；

(5) 责任保险与伤亡事故处理办法，对不属于保险赔付范围或者超出保险赔付额度部分的约定责任；

(6) 实习报酬及支付方式；

(7) 实习考核方式；

(8) 违约责任；

(9) 其他事项。

8.3.4 顶岗实习的违纪处理

【案例8-4】倪某，男，天津市某中职校2014级机电专业学生，被安排至天津开发区某公司顶岗实习，实习期间为2017年3月1日至6月30日。2017年3月19日，该生未经公司领导和学校老师同意，私自离开实习单位，中断实习过程。学校实习指导老师对该生进行多次劝导及教育，该生于4月3日重回公司实习，后又于5月24日再次违反实习单位相关实习规定，并与公司经理发生冲突，情节严重，影响恶劣，公司决定辞去倪某在实习岗位的工作。随后倪某到南开区产业园向在此实习的本校学生散播谣言，制造矛盾，造成在产业园实习的学生内部不团结、不稳定。

倪某的行为在学生中造成极其恶劣的影响，根据该校《学生违纪处理办法》和《毕业生顶岗实习管理规定》，经学校研究，决定对倪某处理决定以下：

(1) 实习成绩以零分处理。

(2) 给予严重警告处分。

(3) 处分期间，取消一切评优评先资格。

顶岗实习是学校教育教学的重要组成部分，学校和实习单位需要共同对学生在顶岗实习期间的表现和实习结果进行考核，并将结果记入学生学业成

绩。考核不合格的，将不予毕业。

学生在顶岗实习期间，要遵守学校的实习要求和实习单位的规章制度、实习纪律及实习协议。对于顶岗实习期间违纪学生的处分，应当由学校依据制度规定给予纪律处分。

有不少进入顶岗实习阶段的学生，认为离开学校了，自己"都上班"了，"学校管不着了"，因而放松自我要求，以致违反纪律，影响实习成绩，甚至不能正常毕业，教训是非常深刻的！

【法条链接】《职业学校学生实习管理规定》（节选）

第二十条　实习学生应遵守职业学校的实习要求和实习单位的规章制度、实习纪律及实习协议，爱护实习单位设施设备，完成规定的实习任务，撰写实习日志，并在实习结束时提交实习报告。

第二十九条　跟岗实习和顶岗实习的考核结果应当记入实习学生学业成绩，考核结果分优秀、良好、合格和不合格四个等次，考核合格以上等次的学生获得学分，并纳入学籍档案。实习考核不合格者，不予毕业。

第三十条　职业学校应当会同实习单位对违反规章制度、实习纪律以及实习协议的学生，进行批评教育。学生违规情节严重的，经双方研究后，由职业学校给予纪律处分；给实习单位造成财产损失的，应当依法予以赔偿。

8.3.5　顶岗实习的争议处理

【案例 8-5】李某是某职校汽修专业应届生，经学校安排推荐，到某运输公司参加汽车维修专业顶岗实习。某天下午，李某违反作业规则，横穿试车道，正好被实习单位的驾驶员倒车撞伤。几个月后出院的李某因"日常生活有关的活动能力严重受限"，被司法鉴定中心确认为七级伤残。

公司以与李某没有劳动关系为由不认定其伤害事故为工伤，经理还说："驾驶员倒车是符合操作规范的，李某受伤是自己调皮捣蛋、违反操作规程所致。要说有责任，也是他本人或学校的责任。学校应负责教育好自己的学生。"校方则认为："李某是在公司工作时受伤的，学校并非侵权行为人，因而没有赔偿义务。"

李某的家长有点想不通：尽管自己的孩子比较调皮，但毕竟年幼无知，别的工人发生这种事可以认定工伤，为什么李某受伤就没人负责？

顶岗实习是学校课堂教学内容的延伸，由于在校的实习学生不是《劳动法》意义上的劳动者，实习生受到事故侵害，双方的权利义务不受《劳动

法》的调整，但应作为一般人身侵权按照民法相关规定处理。

李某由学校安排到汽运公司实习，与汽运公司之间未建立实质意义上的劳动者与用人单位间的身份隶属关系。虽然他是在实习单位因实习受伤，但劳动保障部门一般不予认定为工伤，其不能享受工伤保险待遇。但汽运公司有义务给实习生提供安全的实习场地，因此李某应当按照《实习协议书》的规定向有关责任方请求赔偿其相应的医疗费、残疾赔偿金、误工费、精神抚慰金等损失。

顶岗实习期间的学生不能享受工伤待遇，其受到伤害损失赔偿等标准，可以依据《最高人民法院关于审理人身伤害适应法律若干问题的解释》的待遇标准计算。

由于实习学生不具有《劳动法》规定的劳动者的法定条件，其与实习单位之间的纠纷不属于劳动争议。如果按照《实习协议书》的约定协商不成，李某可以作为民事纠纷向人民法院提起诉讼。

问题与测试

一、填空题

（1）学生业余兼职签订的协议，属于_____合同。

（2）职业学校学生实习，包括_____、_____、_____等形式。

（3）初步具备实践岗位独立工作能力的职业学校学生，到相应实习岗位，相对独立参与实际工作的活动，属于_____实习。

（4）职业学校学生实习是实现_____培养目标，增强学生_____能力的基本环节，是教育教学的核心部分。

（5）顶岗实习一般为_____月。

（6）学生参加顶岗实习前，_____、_____、_____三方应签订实习协议。

（7）顶岗实习学生申请在统一安排的宿舍以外住宿的，须经_____签字同意，由职业学校备案后方可办理。

二、单项选择题

（1）国家禁止用人单位招用不满(　　)周岁的人。
　　A. 16　　　　　　B. 14　　　　　　C. 18　　　　　　D. 22

（2）《高等学校学生勤工助学管理办法》适用于(　　)。
　　A. 南开大学　　B. 南开中学　　C. 希望小学　　D. 天津劳动保护学校

（3）某公司钳工岗位工资为每月 4000 元，那么，顶岗实习报酬一般不低于(　　)元。

A. 2560　　　　B. 2000　　　　C. 1800　　　　D. 3200

（4）下列说法中，正确的是（　　）。

    A. 学生业余兼职，有无协议无所谓

    B. 学生业余兼职不能耽误学业

    C. 学校有权禁止学生业余兼职行为

    D. 兼职单位可以扣押学生的学生证

（5）下列说法中，正确的是（　　）。

    A. 顶岗实习，学生就算毕业了

    B. 顶岗实习报酬不得低于最低工资标准

    C. 顶岗实习发生伤害事故，属于工伤

    D. 顶岗实习协议执行纠纷不能申请劳动仲裁

三、判断题

（1）大学生勤工助学，不视为就业，未建立劳动关系。（　　）

（2）学生应当遵守学校实习要求和实习单位的规章制度。（　　）

（3）对擅自离开顶岗实习单位的学生，应按学校的纪律给予相应的处理。（　　）

（4）正规职业介绍机构，应当将《职业介绍许可证》等张贴于醒目处。（　　）

（5）学生业余兼职属于劳动就业，用工单位应当为其缴纳养老保险。（　　）

四、案例分析题

    2016 年寒假，在天津一所职业中专上学的张某同学（17 岁），想挣点儿零花钱，也为了到外面看看，长点见识，想去打工。看到路边电线杆上张贴的招聘广告，张某前去应聘，被坐落在南开区鞍山西道的 B 咨询公司聘为教育顾问，负责接待客户并向客户介绍公司的具体情况等工作。双方口头约定工资可月结也可日结。张某报到后，该公司以办工作证等为名收取 500 元押金，并将其学生证扣押在公司。张某交了钱以后却再没有收到公司的任何信息。她与公司多次交涉，该公司都以各种理由一拖再拖。钱没挣到，还搭进去不少，张某苦难万分。

    请回答：（1）按照现行规定，B 公司能接收张某做兼职吗？

    （2）张某的做法，有哪些不妥？

    （3）张某如果真正想兼职打工，应该怎么做？

    （4）B 公司的做法，有哪些违规之处？

    （5）为讨回缴纳的押金，张某该怎么做？

模块3 权利救济

"没有救济就没有权利"，设定权利重要，救济权利更不得忽视。权利救济是指通过社会规范认可的途径和程序解决纠纷，使受损害一方的权利得到恢复或者补救。权利救济有法律救济和非法律救济两大类。就法律救济而言，主要包括诉讼和非诉讼法律程序。

⑨ 诉讼维权

诉讼，就是人们通常所说的打官司，是指国家司法机关和案件当事人在其他参与人的配合下解决案件争议的全部活动。

"起诉"就是把自己的请求提出来。向谁提出来以求得解决，是必须要明确的问题。公安局、检察院还是法院？"投错了门"，是件很麻烦的事情！

审判机关就是代表国家独立行使审判权的国家机关。这种审判权通常指法院依法审理和裁决刑事、民事案件和其他案件的权力，法院的审判是对案件的最终裁决。因而，法院是公民权利救济最基本的、也是最终的途径。根据我国法律规定，诉讼主要包括民事诉讼、刑事诉讼和行政诉讼三种类型。不同性质的诉讼适用不同的诉讼程序法，具体的诉讼程序也有不同。

9.1 民事诉讼

【案例9-1】张某和李某（均为17岁）同在位于天津市河西区的一所中职学校就读二年级，都住在学校宿舍。张某来自天津市武清区崔黄口镇，李某来自天津市静海区。2016年10月1日那天，张某找到李某，对话如下：

张某："我的手机摔毁了，想换一个新的。你借我点儿钱吧！"

李某："我卡里就 2500 块钱，也不能都借给你啊"

张某："借我 2000，别跟葛朗台似的。三个月还你，不白用，给你利息。"

李某："那你可说话算话！"

张某："君子一言，驷马难追！"

李某把 2000 块钱借给了张某，可苦了自己。刚过一个星期，自己生活费就所剩无几了，只好找家里要钱。家长觉得挺纳闷，刚给一个月的生活费，怎么刚过一个星期就没钱了？没办法，李某只得说出实情。家长急了，责怪李某，让他赶紧把钱要回来。李某前去催要，可是张某及其家长都否认借钱之事。

9.1.1 民事诉讼的受案范围

【问题】李某能向人民法院提起诉讼吗？

就案例中的情况来看，张某和李某之间是由于民事权益产生的争议，请求法院解决民事争议，应属于民事诉讼的范畴。

根据《中华人民共和国民事诉讼法》（以下简称《民事诉讼法》）第三条："人民法院受理公民之间、法人之间、其他组织之间以及他们相互之间因财产关系和人身关系提起的民事诉讼，适用本法的规定。"的规定，人民法院主管的民事案件主要有以下几类：

（1）由民法调整的平等权利主体之间因财产关系和与财产相关的人身关系所发生的争议，具体如财产所有权、合同、不当得利、商标权、人格权等。

（2）由婚姻法、继承法、收养法调整的婚姻家庭关系、继承关系、收养关系引起的诉讼，如离婚案件、追索抚养费案件、财产继承案件等。

（3）由经济法调整的经济关系中属于民事性质的诉讼，如票据案件、海商案件、因污染引起的邻里关系案件等。

（4）由劳动关系发生的纠纷，如劳动人事争议以及追索养老金、医疗费、工伤保险待遇和其他社会保险费用而发生的纠纷。

（5）由其他法律调整的，而法律明确规定依照民事诉讼程序审理的纠纷，如选民资格案件、宣告失踪或宣告死亡案件等非民事权益争议案件。

可见，李某可以向有管辖权的人民法院提起民事诉讼。只要其具备起诉的基本条件，法院应当予以立案。

9.1.2 民事诉讼的管辖

《中华人民共和国宪法》第一百二十四条规定："中华人民共和国设立最高

人民法院、地方各级人民法院和军事法院等专门人民法院。"我国法院分基层人民法院、中级人民法院、高级人民法院、最高人民法院四级。

最高人民法院是国家的最高审判机关。根据需要，截至 2016 年 12 月底，最高人民法院已设立 6 个巡回法庭，这是最高人民法院的下属机构，其做出的裁判与最高人民法院的裁判在效力上是相同的，要盖最高人民法院的印章，是终审判决。巡回法庭主要审理跨行政区域重大行政和民商事案件。

地方人民法院是国家在各个地方区域设立的审判机关，包括基层人民法院、中级人民法院和高级人民法院三个级别。人民法院根据辖区的区域、人口等情况，可以设立派出机构。人民法庭是基层人民法院根据需要设立的派出机构，不是独立设置的审判机关，而是基层人民法院的有机组成部分，它的判决和裁定就是基层人民法院的判决和裁定，需要加盖基层人民法院的印章。

【问题】案例 9-1 中，李某该向哪个人民法院提起诉讼？

不同地方的法院、不同级别的法院，管辖不同的案件。管辖，就是要解决人民法院内部的上下级法院之间以及同级法院之间在案件审理上的分工问题，包括上下级法院之间的级别管辖和同级法院之间的地域管辖。

9.1.2.1　级别管辖

级别管辖就是指上下级法院之间在案件审理上的分工。

基层人民法院管辖第一审民事案件，也就是说如果出现民事争议，应当向基层人民法院提起诉讼。这是法律对于级别管辖的基本规定，但是对于法律有特别规定的，应依照规定确定管辖法院。

中级人民法院管辖下列第一审民事案件：重大涉外案件；在本辖区有重大影响的案件；最高人民法院确定由中级人民法院管辖的案件。

根据《民事诉讼法》第十九条的规定，高级人民法院管辖在本辖区有重大影响的第一审民事案件。

根据《民事诉讼法》第二十条的规定，最高人民法院管辖下列第一审民事案件：在全国有重大影响的案件；认为应当由最高人民法院审理的案件。

9.1.2.2　地域管辖

地域管辖就是指同级法院之间对案件审理的分工和权限。

目前，我国各级地方人民法院一般都是按照行政区域来划分管辖范围的。天津市河东区人民法院和武清区人民法院属于同级法院。河北省高级人民法院和天津市高级人民法院属于同级法院。天津市的中级人民法院分为两个，分别为第一中级人民法院和第二中级人民法院。北京市的中级人民法院分为四个，分别为第一中级人民法院、第二中级人民法院、第三中级人民法院和第四中级人民法院。

也就是说不存在"天津市中级人民法院"、"北京市中级人民法院"这些机构，这是需要注意的。

民事诉讼的地域管辖分为一般地域管辖、特殊地域管辖和专属管辖等类别，以划分同级法院之间的案件管辖。

A　一般地域管辖

一般地域管辖是指根据当事人所在地确定的地域管辖，通常适用"原告就被告"原则，也就是原告需要到被告所在地的人民法院去起诉。

（1）原告就被告的情形。《民事诉讼法》第二十一条规定："对公民提起的民事诉讼，由被告住所地人民法院管辖；被告住所地与经常居住地不一致的，由经常居住地人民法院管辖。对法人或者其他组织提起的民事诉讼，由被告住所地人民法院管辖。同一诉讼的几个被告住所地、经常居住地在两个以上人民法院辖区的，各该人民法院都有管辖权。"

（2）一般地域管辖的例外。原告就被告是民事诉讼地域管辖的一般原则，但是特殊情况下有例外，可以依据原告确定管辖。《民事诉讼法》第二十二条规定："下列民事诉讼，由原告住所地人民法院管辖；原告住所地与经常居住地不一致的，由原告经常居住地人民法院管辖：（一）对不在中华人民共和国领域内居住的人提起的有关身份关系的诉讼；（二）对下落不明或者宣告失踪的人提起的有关身份关系的诉讼；（三）对被采取强制性教育措施的人提起的诉讼；（四）对被监禁的人提起的诉讼。"这里的"有关身份关系"，一般指的是离婚、解除收养关系等。

B　特殊地域管辖

特殊地域管辖是指以诉讼标的为标准来确定的地域管辖。例如因合同纠纷提起的诉讼，由被告住所地或者合同履行地人民法院管辖。这里的"合同履行地"包括领取或者交付货物的场所、清偿地、货物送达地等。因侵权行为提起的诉讼，由侵权行为地或者被告住所地人民法院管辖。"侵权行为地"包括侵权行为发生地和结果发生地两个方面。因此，由于侵权行为发生的管辖，就可能涉及行为发生地、结果发生地、被告住所地的法院管辖问题。

C　专属管辖

专属管辖是指某种案件专属于特定地区的法院管辖。

（1）专属管辖的案件。《民事诉讼法》第三十三条规定，因不动产纠纷提起的诉讼，由不动产所在地人民法院管辖；因港口作业中发生纠纷提起的诉讼，由港口所在地人民法院管辖；因继承遗产纠纷提起的诉讼，由被继承人死亡时住所地或者主要遗产所在地人民法院管辖。

（2）协议管辖的案件。《民事诉讼法》第三十四条规定："合同或者其他财产权益纠纷的当事人可以书面协议选择被告住所地、合同履行地、合同签订地、原告住所地、标的物所在地等与争议有实际联系的地点的人民法院管辖，但不得违反本法对级别管辖和专属管辖的规定。"这种选择只能是在纠纷发生后进行。

（3）选择管辖的案件。《民事诉讼法》第三十五条规定："两个以上人民法院都有管辖权的诉讼，原告可以向其中一个人民法院起诉；原告向两个以上有管辖权的人民法院起诉的，由最先立案的人民法院管辖。"

就案例 9-1 而言，首先，争议标的额为 2000 元，根据规定，应当属于基层人民法院管辖，这就解决了级别管辖的问题。其次，张某的住所地在天津市武清区，李某的住所地在天津市静海区。李某起诉张某，按照原告就被告的原则，本应由武清区法院管辖。但是，由于张某是在校住宿学生，其经常居住的住所为学校宿舍，根据"被告住所地与经常居住地不一致的，由经常居住地人民法院管辖"的规定，应以学校住所地来确定管辖法院为宜，这就解决了地域管辖的问题。综上所述，李某应当向天津市河西区人民法院起诉，最为适宜。

9.1.3　提起诉讼

9.1.3.1　起诉的条件

【案例 9-2】 A 与 B 是非常要好的朋友。A 在一次聊天中得知与 B 有贸易往来的 C 拖欠 B 货款人民币 30 万元，B 讨要几次都是空手而归。但是 B 觉得都是熟人、朋友，不好撕破脸皮上法院打官司。A 觉得自己应该为朋友两肋插刀，他决定自己上法院为 B 讨个公道，要回货款。

讨论：你认为 A 的做法，会得到法院的支持吗？

A 如果向法院起诉，法院不会受理。因为，其与本案没有直接的利害关系，不具备起诉的基本条件。

《民事诉讼法》第一百一十九条规定："起诉必须符合下列条件：（一）原告是与本案有直接利害关系的公民、法人和其他组织；（二）有明确的被告；（三）有具体的诉讼请求和事实、理由；（四）属于人民法院受理民事诉讼的范围和受诉人民法院管辖。"

9.1.3.2　诉讼权利能力和行为能力

【问题】 案例 9-1 中李某能自己单独去法院起诉吗？

李某自己不能单独起诉，因为他不具备法律规定的民事诉讼行为能力。

诉讼行为能力是指当事人可以亲自实施诉讼行为，并通过自己的行为，行使诉讼权利和承担诉讼义务的法律上的资格。

公民的诉讼行为能力分为有诉讼行为能力和无诉讼行为能力。在民事诉讼中，只有具有完全民事行为能力的公民才有诉讼行为能力。无民事行为能力和限制民事行为能力的公民都没有诉讼行为能力。

有诉讼权利能力但没有诉讼行为能力的人，虽然也可以成为民事诉讼中的当事人，但却不能亲自实施诉讼行为，而只能通过其法定代理人或者由其法定代理人委托的诉讼代理人代为实施诉讼行为。

案例 9-1 中，李某只有 17 岁，属于未成年人，不具备法定的诉讼行为能力，其本人不能单独上法院起诉。可由家长作为法定代理人代为起诉，或其家长委托的律师等诉讼代理人代为起诉。

9.1.3.3 民事起诉状

民事起诉状，是指认为自己的合法权益受到侵害或者与他人发生争议时或者需要确认权益的公民、法人或其他组织，向人民法院提交的请求人民法院依法裁判的法律文书。

诉讼的种类不同，起诉状的具体称谓也不同，第一审程序称之为民事起诉状；第二审程序称之为民事上诉状。

提交起诉状是提起民事诉讼的必要条件。原告起诉应当向人民法院递交起诉状，并按照被告人数提出副本。

起诉状应符合规定的要求。

【法条链接】

《民事诉讼法》和《最高人民法院关于人民法院登记立案若干问题的规定》（法释〔2015〕8号）的规定，起诉状应当记明下列事项：

（一）原告的姓名、性别、年龄、民族、职业、工作单位、住所、联系方式，法人或者其他组织的名称、住所和法定代表人或者主要负责人的姓名、职务、联系方式；

（二）被告的姓名、性别、工作单位、住所等信息，法人或者其他组织的名称、住所等信息；

（三）诉讼请求和所根据的事实与理由；

（四）证据和证据来源；

（五）有证人的，载明证人姓名和住所。

9.1.4 民事诉讼的举证责任

【问题】案例 9-1 中，李某能够讨回 2000 元钱吗？

"以事实为根据，以法律为准绳"，是我国诉讼的基本原则。法院审理案件，靠的是事实和法律，而不是民间的情与理。

我国法院实行登记立案制。只要符合法律明示的立案条件，法院当场予以登记立案。不能当场立案的，法院应当在接到起诉状之日起 7 日内，作出是否立案的决定。不予立案的，应当制作书面裁定。

根据《最高人民法院关于审理民间借贷案件适用法律若干问题的规定》（法释〔2015〕18 号）第二条"出借人向人民法院起诉时，应当提供借据、收据、欠条等债权凭证以及其他能够证明借贷法律关系存在的证据"的规定，如果李某不能提供证明案件事实的任何证据，那么法院不会接收立案。不予立案，实际上就是说明法院无法管理此事。

"打官司，就是打证据"，说的是证据在诉讼中的关键作用。"事实"，不仅是已经发生的事情那么简单。在法律上的"事实"被称为"法律事实"，是那些能够被证据证明的事情。诉讼证据，是指诉讼过程中能够用来证明案件事实的一切凭证或根据。《民事诉讼法》第六十三条规定："证据包括：（一）当事人的陈述；（二）书证；（三）物证；（四）视听资料；（五）电子数据；（六）证人证言；（七）鉴定意见；（八）勘验笔录。证据必须查证属实，才能作为认定事实的根据。"

9.1.4.1　举证责任

举证，是指民事诉讼当事人对自己的诉讼主张提供证据、加以证明的行为。而"举证责任"是指举证行为的责任，承担举证责任的一方如果举证不利就要承担败诉后果。

9.1.4.2　我国民事诉讼的举证责任原则

我国民事诉讼举证责任的基本原则是"谁主张、谁举证"。诉讼实际过程中，一方当事人提出诉讼请求，希望得到法院的支持；另一方反驳对方的诉讼请求，以排除自己对民事责任的承担。因而，在任何民事诉讼中，不可能仅仅由一方当事人来举证，也不可能发生举证责任完全由一方来承担的情况。

9.1.4.3　举证责任的后果

《最高人民法院关于民事诉讼证据的若干规定》第二条规定："当事人对自己提出的诉讼请求所依据的事实或反驳对方诉讼请求所依据的事实有责任提供证据加以证明。没有证据或证据不足以证明当事人的事实主张的，由负有举证责任的当事人承担不利后果。"也就是说当事人要求法院保护自己的权利，就有责任对自己的说法负责，要依法承担举证责任，来证明自己的诉讼主张。否则，拿不出证据、拿出的证据不充分，就要承担败诉的风险。

案例9-1中，张某否认借款的存在，那李某必须拿出证明张某从其处借款的证据，包括张某签字的借条、当初在场同学的证人或证言、录音或者视频等资料。

9.1.4.4 举证责任的期间

当事人对自己提出的主张应当及时提供证据。

人民法院根据当事人的主张和案件审理情况，确定当事人应当提供的证据及其期限。

当事人在该期限内提供证据确有困难的，可以向人民法院申请延长期限，人民法院根据当事人的申请适当延长。

当事人逾期提供证据的，人民法院应当责令其说明理由；拒不说明理由或者理由不成立的，人民法院根据不同情形可以不予采纳该证据，或者采纳该证据但予以训诫、罚款。

9.1.5 民事诉讼的时效

我国《民法总则》第一百八十八条规定："向人民法院请求保护民事权利的诉讼时效期间为三年。法律另有规定的，依照其规定。诉讼时效期间自权利人知道或者应当知道权利受到损害以及义务人之日起计算。法律另有规定的，依照其规定。但是自权利受到损害之日起超过二十年的，人民法院不予保护；有特殊情况的，人民法院可以根据权利人的申请决定延长。"

在案例9-1中，李某得知张某及其家长否认借款事实的那一天，就应当认定为李某知道权利受到损害的时刻。李某应当自知道权利受到损害之日起3年内向法院提起诉讼。超过诉讼时效，法院将不予保护。

9.1.6 民事诉讼的执行

【问题】假设人民法院作出如下判决：（1）被告自本判决生效之日起10日内向原告返还借款人民币2000元；（2）被告承担本案诉讼费50元。如不服本判决，可在判决书送达之日起十五日内向本院递交上诉状，并按对方当事人的人数提交副本，上诉于××中级人民法院。张某及其家长期满未起诉，也未在规定的期限内还款。请问：李某该怎么办？张某及其家长不履行生效的法院判决，后果如何？

9.1.6.1 申请执行

《民事诉讼法》第二百三十六条规定："发生法律效力的民事判决、裁定，当事人必须履行。一方拒绝履行的，对方当事人可以向人民法院申请执行，也可以由审判员移送执行员执行。调解书和其他应当由人民法院执行的法律文书，当事人必须履行。一方拒绝履行的，对方当事人可以向人民法院申请执行。"

9.1.6.2 申请执行的期间

《民事诉讼法》第二百三十九条规定："申请执行的期间为二年。申请执行时效的中止、中断，适用法律有关诉讼时效中止、中断的规定。前款规定的期间，从法律文书规定履行期间的最后一日起计算；法律文书规定分期履行的，从规定的每次履行期间的最后一日起计算；法律文书未规定履行期间的，从法律文书生效之日起计算。"

在案例 9-1 中，李某应在法院判决张某还款期限届满后的 2 年内向人民法院申请执行，由法院通过强制措施来实现对自己的权利救济。

9.1.6.3 不履行法院生效裁判的后果

（1）被采取查封、扣押、冻结等强制执行措施。

（2）负担执行费。义务人不履行生效的法院裁判文书，对方可以申请强制执行。一旦被采取强制措施，被执行的一方，应当承当执行费用。

（3）支付迟延履行期间的债务利息或迟延履行金。《民事诉讼法》第二百五十三条规定："被执行人未按判决、裁定和其他法律文书指定的期间履行给付金钱义务的，应当加倍支付迟延履行期间的债务利息。被执行人未按判决、裁定和其他法律文书指定的期间履行其他义务的，应当支付迟延履行金。"

（4）罚款、拘留。《民事诉讼法》第二百四十一条规定："被执行人未按执行通知履行法律文书确定的义务，应当报告当前以及收到执行通知之日前一年的财产情况。被执行人拒绝报告或者虚假报告的，人民法院可以根据情节轻重对被执行人或者其法定代理人、有关单位的主要负责人或者直接责任人员予以罚款、拘留。"

（5）刑事责任。《刑法》第三百一十三条规定："对人民法院的判决、裁定有能力执行而拒不执行，情节严重的，处三年以下有期徒刑、拘役或者罚金。"《最高人民法院关于审理拒不执行判决、裁定刑事案件适用法律若干问题的解释》，规定了对符合规定的情形可由申请执行人以自诉案件立案审理。

（6）诚信责任。不履行生效的裁判文书，不仅损害了另一方的合法权利，而且更是对法律和法治提出挑战。《民事诉讼法》第二百五十五条规定："被执行人不履行法律文书确定的义务的，人民法院可以对其采取或者通知有关单位协助采取限制出境，在征信系统记录、通过媒体公布不履行义务信息以及法律规定的其他措施。"

9.2 行政诉讼

【案例 9-3】原告"北雁云依"出生于 2009 年 1 月 25 日。其家庭住所在山东省济南市，父亲姓吕，母亲姓张。吕、张二人共同决定为女儿起了一个既不随父姓，也不随母姓的名字——"北雁云依"。他们以"北雁云依"为名为女儿办理了新生儿出生证明。2009年2月，吕先生前往燕山派出所为女儿申请户口登记。派出所依照《中华人民共和国婚姻法》第二十二条的规定，作出拒绝办理户口登记的决定。吕先生遂于2009年12月17日以被监护人"北雁云依"的名义提起行政诉讼，请求确认被告拒绝以"北雁云依"为姓名办理户口登记的行政行为违法。

此案因涉及法律适用问题，曾裁定中止审理。2015年4月21日，历下区人民法院根据有权机关对"姓名权"作出的司法解释，决定恢复审理。

人民法院经审理认为：原告"北雁云依"的父母仅凭个人喜好和愿望，并创设姓氏，具有明显的随意性，会造成对文化传统和伦理观念的冲击，既违背社会善良风俗和一般道德要求，也不利于维护社会秩序和实现社会的良性管控。根据《全国人民代表大会常务委员会关于〈中华人民共和国民法通则〉第九十九条第一款、〈中华人民共和国婚姻法〉第二十二条的解释》中关于"公民行使姓名权，应当尊重社会公德，不得损害社会公共利益。在父母姓氏之外选取其他姓氏，应有不违反公序良俗的正当理由"的规定。原告的情形不符合"有不违反公序良俗的其他正当理由"，遂判决驳回"北雁云依"要求确认燕山派出所拒绝以"北雁云依"为姓名办理户口登记行为违法的诉讼请求。

9.2.1 行政诉讼的含义

【问题】案例9-3中的诉讼，是什么性质的诉讼？

案例9-3中的诉讼属于行政诉讼。所谓行政诉讼，就是指公民、法人或者其他组织认为行政机关和行政机关工作人员的具体行政行为侵犯其合法权益，依法向人民法院提起诉讼，由人民法院依法进行审理和判决的诉讼制度。行政诉讼的被告恒定为行政机关，因此往往被称为"民告官"。

对于公民来说，根据《中华人民共和国户口登记条例》进行户口登记是应当履行的法定义务。对于公安机关来说，其依法履行户口登记的职权，是一种行政许可行为。凡是认为行政机关的具体行政行为，侵害了自己合法权利的公民、法人以及其他组织，均可依法提起诉讼，请求行政机关正确履行其职责。这种诉讼，就属于行政诉讼。

9.2.2 行政诉讼的受案范围

行政诉讼受案范围是指人民法院受理行政案件的范围，是根据《中华人民共和国行政诉讼法》（以下简称《行政诉讼法》）确定的应当由人民法院主管的那部分案件。

9.2.2.1　可以提起行政诉讼的情形

根据《行政诉讼法》的规定，公民、法人或者其他组织，认为行政机关的下列行为侵害了其合法权利的，可以提起行政诉讼，具体包括：

（1）对行政拘留、暂扣或者吊销许可证和执照、责令停产停业、没收违法所得、没收非法财物、罚款、警告等行政处罚不服的；

（2）对限制人身自由或者对财产的查封、扣押、冻结等行政强制措施和行政强制执行不服的；

（3）申请行政许可，行政机关拒绝或者在法定期限内不予答复，或者对行政机关作出的有关行政许可的其他决定不服的；

（4）对行政机关作出的关于确认土地、矿藏、水流、森林、山岭、草原、荒地、滩涂、海域等自然资源的所有权或者使用权的决定不服的；

（5）对征收、征用决定及其补偿决定不服的；

（6）申请行政机关履行保护人身权、财产权等合法权益的法定职责，行政机关拒绝履行或者不予答复的；

（7）认为行政机关侵犯其经营自主权或者农村土地承包经营权、农村土地经营权的；

（8）认为行政机关滥用行政权力排除或者限制竞争的；

（9）认为行政机关违法集资、摊派费用或者违法要求履行其他义务的；

（10）认为行政机关没有依法支付抚恤金、最低生活保障待遇或者社会保险待遇的；

（11）认为行政机关不依法履行、未按照约定履行或者违法变更、解除政府特许经营协议、土地房屋征收补偿协议等协议的；

（12）认为行政机关侵犯其他人身权、财产权等合法权益的。

除上述规定外，人民法院还受理法律、法规规定可以提起诉讼的其他行政案件。

9.2.2.2　人民法院不予受理的行政案件

《行政诉讼法》第十三条规定："人民法院不受理公民、法人或者其他组织对下列事项提起的诉讼：（一）国防、外交等国家行为；（二）行政法规、规章或者行政机关制定、发布的具有普遍约束力的决定、命令；（三）行政机关对行政机关工作人员的奖惩、任免等决定；（四）法律规定由行政机关最终裁决的行政行为。"

9.2.3　行政诉讼的管辖

【问题】案例 9-3 中，原告能直接向山东省高级人民法院起诉吗？

上述问题涉及行政诉讼的管辖问题。行政诉讼的管辖分为级别管辖和地域管辖。

9.2.3.1 行政诉讼的级别管辖

（1）基层人民法院管辖第一审行政案件。这并不是说基层人民法院管辖所有的第一审行政案件，而是说除非有法律的特别规定，都由其管辖。因此可以说，一般的行政案件都由基层人民法院管辖。

（2）中级人民法院管辖的第一审行政案件。

1）对国务院部门或者县级以上地方人民政府所作的行政行为提起诉讼的案件；

2）海关处理的案件；

3）本辖区内重大、复杂的案件；

4）其他法律规定由中级人民法院管辖的案件。

（3）高级人民法院管辖的一审行政案件。高级人民法院管辖本辖区内重大、复杂的第一审行政案件。

（4）最高人民法院管辖的第一审行政案件。最高人民法院管辖全国范围内重大、复杂的第一审行政案件。

根据以上规定，案例9-3中的原告是不能直接向山东省高级人民法院提起行政诉讼的，其应该向有管辖权的基层人民法院提起诉讼。

9.2.3.2 行政诉讼的地域管辖

（1）一般地域管辖。《行政诉讼法》第十八条规定："行政案件由最初作出行政行为的行政机关所在地人民法院管辖。经复议的案件，也可以由复议机关所在地人民法院管辖。"

（2）专属地域管辖。《行政诉讼法》第十九条规定："对限制人身自由的行政强制措施不服提起的诉讼，由被告所在地或者原告所在地人民法院管辖。"第二十条规定："因不动产提起的行政诉讼，由不动产所在地人民法院管辖。"

因此案例9-3原告不能直接向山东省高级人民法院起诉，只能向拒绝为其进行户口登记的公安机关所在地的基层人民法院提起行政诉讼。

9.2.4 行政诉讼的证据和举证责任

9.2.4.1 行政诉讼的证据

行政诉讼证据是指行政诉讼主体用来证明行政案件真实情况的材料。根据《行政诉讼法》第三十三条规定，行政诉讼证据主要包括：书证；物证；视听资料；电子数据；证人证言；当事人的陈述；鉴定意见；勘验笔录、现场笔录。

证据必须经法庭审查属实，才能作为认定案件事实的根据。

9.2.4.2　举证责任倒置原则

行政诉讼针对的是行政机关实施的罚款、吊销执照等行政行为，是依职权的行为，因而其举证责任具有特殊性。因为，从理论上来说，行政机关实施的任何行政行为，都应当以事实为根据、以法律为准绳的。否则，即为违法。再者，行政诉讼当事双方具有不对等性，要解决行政机关的行政行为是否具有合法性和适当性问题，原告难以为之。

因此，《行政诉讼法》第三十四条明确规定："被告对作出的行政行为负有举证责任，应当提供作出该行政行为的证据和所依据的规范性文件。"这实际上就是规定了行政诉讼的举证责任倒置原则。同时要求，被告不提供或者无正当理由逾期提供证据，视为没有相应证据。但是，被诉行政行为涉及第三人合法权益，第三人提供证据的除外。

9.2.4.3　证据收集的限制

在诉讼过程中，被告及其诉讼代理人不得自行向原告、第三人和证人收集证据。进入诉讼程序时，被诉行政机关作为被告，就不能再自行向原告等收集证据，以证明其行为的合法性了。若此时再收集证据，只能说明其当初行为缺乏依据。

需要注意的是，原告也负有一定的举证责任，最起码要能够证明行政机关实施行政行为的事实，以及该事实与自己的关联，否则法院不予受理，救济难以实现。

9.2.5　行政诉讼的提起

9.2.5.1　行政诉讼的提起方式

行政诉讼，适用不告不理原则，需要原告的提起诉讼行为。如果认为行政机关的行政行为侵害了自己的合法权利，可以依法提起诉讼。但是，如果具体法律有"复议前置"规定的，那就需要先提起行政复议。

9.2.5.2　行政诉讼的诉讼请求

提起行政诉讼，需要提交行政起诉状，其具体要素与民事诉讼类似。在起诉状中，要有具体的诉讼请求，以使法院知道其主张。

【法条链接】《最高人民法院关于适用〈中华人民共和国行政诉讼法〉若干问题的解释》（法释〔2015〕9号）第二条规定了行政诉讼的具体诉讼请求：

（一）请求判决撤销或者变更行政行为；

（二）请求判决行政机关履行法定职责或者给付义务；

（三）请求判决确认行政行为违法；

（四）请求判决确认行政行为无效；

（五）请求判决行政机关予以赔偿或者补偿；

（六）请求解决行政协议争议；

（七）请求一并审查规章以下规范性文件；

（八）请求一并解决相关民事争议；

（九）其他诉讼请求。

9.2.5.3 行政诉讼的起诉期限

行政诉讼的起诉期限，是指公民、法人或其他组织认为行政机关的行政行为侵犯其合法权益而向人民法院提起行政诉讼的法定期间。行政相对人只有在法定期间内提起行政诉讼，才有可能获得司法救济。如果相对人超过法定期间起诉的，人民法院将对其起诉不予受理或驳回起诉，这样的话其合法权益就难以通过行政诉讼的司法程序获得保护了。

（1）经过复议的案件。申请人不服行政复议决定的，自收到复议决定书之日起十五日内向人民法院提起诉讼。

复议机关逾期不作决定的，可以在复议期满之日起十五日内向人民法院提起诉讼。法律另有规定的除外。

（2）未经过复议的案件。未经过行政复议，公民、法人或者其他组织直接向人民法院提起诉讼的，应当自知道或者应当知道作出行政行为之日起六个月内提出。法律另有规定的除外。

1）因不动产提起诉讼的案件自行政行为作出之日起超过二十年，其他案件自行政行为作出之日起超过五年提起诉讼的，人民法院不予受理。这是关于最长起诉期间的规定，超过该期限之后再发现权利被侵害的，法院将不予受理。

2）公民、法人或者其他组织申请行政机关履行保护其人身权、财产权等合法权益的法定职责，行政机关在接到申请之日起两个月内不履行的，公民、法人或者其他组织可以向人民法院提起诉讼。法律、法规对行政机关履行职责的期限另有规定的，从其规定。

公民、法人或者其他组织在紧急情况下请求行政机关履行保护其人身权、财产权等合法权益的法定职责，行政机关不履行的，提起诉讼不受前款规定期限的限制。

9.3 刑事诉讼

【案例9-4】

A 市 B 区人民法院刑事判决书（摘录）

（2014）AB 法少刑初字第 8 号

公诉机关 A 市 B 区人民检察院。

被告人王某，男，1997 年 8 月 8 日出生，汉族，户籍地河北省 A 市 B 区，初中文化，住 B 区×村。因涉嫌犯抢劫罪于 2014 年 4 月 11 日被逮捕。现羁押于 B 区看守所。

法定代理人王某某，系被告人王某的父亲，住址与被告人王某相同。

辩护人黄某，××律师事务所律师。

经审理查明：2014 年 3 月 5 日 16 时许，被告人王某伙同同案人在 A 市 B 区某村网吧内，暴力抢得刘某价值人民币 1217 元的手机 1 部。被告人王某等案发被抓获。

同年 3 月 10 日，被害人刘某及其法定代理人刘某某出具谅解书，对被告人王某表示谅解。

根据《最高人民法院关于审理未成年人刑事案件的若干规定》的规定，为教育、感化、挽救被告人，本院委托 B 区司法局对被告人王某的性格特点、家庭情况、社区情况、成长经历等进行了调查，并提交《调查评估意见》。因被告人王某平时比较叛逆，经常惹是生非，调查机关不建议对被告人王某适用社区矫正。

本院认为，被告人王某的行为已构成抢劫罪。综合全案的性质、情节、危害后果及被告人王某的认罪态度、悔罪表现，考虑被告人王某的家属愿意加强监管，本院决定对被告人王某减轻处罚并适用缓刑。为严肃国家法律，同时为"教育、感化、挽救"犯罪的未成年人，依照《中华人民共和国刑法》第二百六十三条等规定，判决如下：

被告人王某犯抢劫罪，判处有期徒刑一年两个月，缓刑一年五个月，并处罚金一千元。

如不服本判决，可在接到判决书的第二日起十日内，通过本院或直接向河北省 A 市中级人民法院提出上诉。书面上诉的，应当提交上诉状正本一份，副本两份。

9.3.1　刑事诉讼的提起

【问题】案例 9-4 的刑事诉讼程序是被告人王某主动提起的吗？

案例 9-4 中的王某，作为被告人是不会主动向法院提起诉讼的。对其来说是被动而为，是必须接受的审判。

根据我国《中华人民共和国刑事诉讼法》（以下简称《刑事诉讼法》）的规定，刑事案件有公诉案件和自诉案件之分。

9.3.1.1　刑事公诉案件

公诉案件是指人民检察院以国家公诉人的名义向法院提起诉讼的案件。除非法律有特别规定，刑事案件均属公诉案件。

9.3.1.2 刑事自诉案件

自诉案件，是指由被害人或其法定代理人，为追究被告人的刑事责任，自行向人民法院提起诉讼的案件。自诉案件的范围，只限于直接侵害个人利益、告诉才处理和其他不需要进行侦查的轻微刑事案件。

自诉案件，公安机关、检察机关一般不介入，由被害人负举证责任，自诉能否成立在一定程度上取决于被害人等有无证据以及证据的效力。

9.3.2 刑事诉讼的审判管辖

一般来说，刑事案件的被告人是被动地参与到刑事诉讼中，不存在自己起诉、选择法院的问题。但是对于刑事自诉案件，确是由自己主动提出的，就存在找哪个级别的哪一个法院的问题了。确定人民法院组织系统内部在审判第一审刑事案件上的分工的问题，是审判管辖，包括级别管辖、地域管辖和专门管辖。

9.3.2.1 刑事案件的级别管辖

《刑事诉讼法》第十九条至二十二条规定：

（1）基层人民法院管辖第一审普通刑事案件，但是依照《刑事诉讼法》由上级人民法院管辖的除外。

（2）中级人民法院管辖下列第一审刑事案件：危害国家安全、恐怖活动案件；可能判处无期徒刑、死刑的案件。

（3）高级人民法院管辖的第一审刑事案件，是全省（自治区、直辖市）性的重大刑事案件。

（4）最高人民法院管辖的第一审刑事案件，是全国性的重大刑事案件。

9.3.2.2 刑事案件的地域管辖

《刑事诉讼法》第二十四条的规定："刑事案件由犯罪地的人民法院管辖。如果由被告人居住地的人民法院审判更为适宜的，可以由被告人居住地的人民法院管辖。"

根据司法解释，犯罪地包括犯罪行为发生地和犯罪结果发生地。针对或者利用计算机网络实施的犯罪，犯罪地包括犯罪行为发生地的网站服务器所在地，网络接入地，网站建立者、管理者所在地，被侵害的计算机信息系统及其管理者所在地，被告、被害人使用的计算机信息系统所在地，以及被害人财产遭受损失地。

9.3.3 审判公开的诉讼原则

【问题】法院对案例9-4涉及的王某一案为什么实行不公开审理？

《刑事诉讼法》第十一条规定："人民法院审判案件，除本法另有

规定的以外，一律公开进行。"

审判公开，就是指法院审理刑事案件和宣告判决，都公开进行，允许旁听，允许新闻采访和报道。除了合议庭评议环节之外的案件审理过程，都公之于众。

《刑事诉讼法》第一百八十三条规定："人民法院审判第一审案件应当公开进行。但是有关国家秘密或者个人隐私的案件，不公开审理；涉及商业秘密的案件，当事人申请不公开审理的，可以不公开审理。"法律的这种规定，实际上就确立了审判公开为原则，不公开为例外的刑事诉讼原则。

《最高人民法院关于适用〈中华人民共和国刑事诉讼法〉的解释》第467条的规定："开庭审理时被告人不满十八周岁的案件，一律不公开审理。经未成年被告人及其法定代理人同意，未成年被告人所在学校和未成年人保护组织可以派代表到场。到场代表的人数和范围，由法庭决定。到场代表经法庭同意，可以参与对未成年被告人的法庭教育工作"，针对未成年人刑事案件采取的以"开庭审理"的时刻为节点，来确定是否公开案件的审理。但特定条件下，对于不公开审理未成年人刑事案件，也可以接受特定对象到场，其目的是增强对未成年人的法制教育。

案例9-4中，1997年8月出生的王某，在2014年6月"开庭审理"时未满十八周岁，属于"一律不公开审理"的范畴，所以人民法院对其不公开开庭审理。但是，根据规定不公开开庭审理的案件，宣判的时候也应该公开。

9.3.4　刑事辩护权

【问题】案例9-4中，王某作为被告人，其辩护权是如何实现的？

9.3.4.1　辩护权与辩护人

辩护权，是指被告人针对控诉进行申辩，通过提出相应的事实和证据等手段，说明自己无罪、罪轻或者应当减轻、从轻、免除处罚的情节，以维护自身权益的权利。辩护权是被告人享有的最基本、最重要的诉讼权利。

辩护权可以自己行使，也可以委托律师、法定代理人或者经法院许可的其他公民行使。被告人在刑事诉讼的各个阶段，都有权为自己辩护。但委托辩护人为自己辩护，一般只能在审判阶段。律师是专业的法律工作者，作为辩护人有利于对被告人权利的维护。辩护律师在开庭审理时的辩护发言，称为辩护词。律师在刑事公诉案件中是辩护人，可以称为"辩护律师"；在民事诉讼中是代理人，可以称为"代理律师"。

9.3.4.2　未成年人辩护权的特殊规定

在诉讼的不同阶段，涉事人员的称呼是不一样的。在公安机关侦查期间、检察院审查起诉期间，涉事人员往往已被羁押，一般称为犯罪嫌疑人；到了法院的审判阶段，就被称为被告人。自诉案件，涉事人员就被称为被告人。为了维护未成年人的合法权益，我国法律对未成年人的辩护权给予了特殊的规定。

《刑事诉讼法》第二百六十七条规定："未成年犯罪嫌疑人、被告人没有委托辩护人的，人民法院、人民检察院、公安机关应当通知法律援助机构指派律师为其提供辩护。"这实际上就是为未成年犯罪嫌疑人、被告人提供法律援助的规定。其特殊性在于：

（1）将为未成年人提供律师法律援助的时间提前到侦查和审查起诉阶段，只要办理案件的公安机关、人民检察院发现该未成年犯罪嫌疑人没有委托辩护人的，就应当及时通知有关部门为其提供法律援助，以保障其诉讼权利的充分行使。

（2）明确规定了公、检、法机关保障未成年人法律援助义务，一旦发现未成年人未委托辩护人，则应立即通知法律援助机构。

（3）进一步明确了为未成年犯罪嫌疑人、被告人提供法律援助的工作机制，即由公、检、法机关通知，由法律援助机构指派律师提供辩护。

案例9-4中，王某可以自己为自己辩护，也可以聘请律师为其辩护。同时作为未成年人，如果自己未聘请辩护律师，则公、检、法机关有义务协调法律援助机构指派律师为其辩护，以实现其辩护权。

9.3.5 刑事诉讼的证据与举证责任

《刑事诉讼法》第四十八条规定："可以用于证明案件事实的材料，都是证据。证据包括：（一）物证；（二）书证；（三）证人证言；（四）被害人陈述；（五）犯罪嫌疑人、被告人供述和辩解；（六）鉴定意见；（七）勘验、检查、辨认、侦查实验等笔录；（八）视听资料、电子数据。证据必须经过查证属实，才能作为定案的根据。"

《刑事诉讼法》第四十九条规定"公诉案件中被告人有罪的举证责任由人民检察院承担，自诉案件中被告人有罪的举证责任由自诉人承担。"

9.3.6 第二审程序

【问题】案例9-4中，如果王某不服B区人民法院的判决，该怎么办？

如果王某不服B区法院的判决，其可以在法定期间内向A市中级人民法院提起上诉。

9.3.6.1 上诉

上诉是指当事人或其法定代理人不服地方各级人民法院的第一审刑事判决或裁定，依法请求一审法院的上一级人民法院对案件进行重新审理的诉讼活动。

上诉权是法律赋予当事人的诉讼权利，一审法院在做出判决或者裁定时都会告知当事人的上诉权。

9.3.6.2　有权提起上诉的人

《刑事诉讼法》第二百一十六条规定："被告人、自诉人和他们的法定代理人，不服地方各级人民法院第一审的判决、裁定，有权用书状或者口头向上一级人民法院上诉。被告人的辩护人和近亲属，经被告人同意，可以提出上诉。"

被害人在自诉案件中属于当事人，依法享有独立的上诉权；在公诉案件中，被害人只是诉讼参与人，对于刑事裁判无权提起上诉。如果对一审刑事裁判不服，可以向检察院提出意见，要求检察院提起抗诉。

9.3.6.3　抗诉

抗诉是指地方各级检察院认为本级法院第一审判决、裁定确有错误的，在法定的抗诉期内要求上一级法院对案件重新审理的诉讼活动。抗诉权是人民检察院专属的法律监督权。

《刑事诉讼法》第二百一十八条规定："被害人及其法定代理人不服地方各级人民法院第一审的判决的，自收到判决书后五日以内，有权请求人民检察院提出抗诉。"如果检察院不同意抗诉，被害人还可以向上一级检察院提出申诉。

9.3.6.4　上诉与抗诉期

《刑事诉讼法》第二百一十九条规定："不服判决的上诉和抗诉的期限为十日，不服裁定的上诉和抗诉的期限为五日，从接到判决书、裁定书的第二日起算。"

9.3.7　社区矫正

【问题】在案例 9-4 中，假若法院判决书在对王某作出缓刑宣判的同时，还做出实施社区矫正的决定。据此，王某未被收监执行，而是到河北省 A 市 B 区的司法局报到，实施社区矫正。在自己居住的社区，出来进去的跟正常人也没什么两样，只是定期地要到司法所报告。这是怎么回事？

9.3.7.1　社区矫正制度

社区矫正是指将符合法定条件的罪犯置于社区内，由司法行政机关（司法局）及其派出机构（司法所）在相关部门和社会力量的协助下，在判决、裁定或决定确定的期限内，矫正其犯罪心理和行为恶习，并促进其顺利回归社会的非监禁刑罚执行活动。

根据《社区矫正实施办法》第六条规定："社区矫正人员应当自人民法院判决、裁定生效之日或者离开监所之日起十日内到居住地县级司法行政机关报到。县级司法行政机关应当及时为其办理登记接收手续，并告知其三日内到指定的司法所接受社区矫正。"

社区矫正工作是积极利用各种社会资源、整合社会各方面力量，对罪行较轻、主观恶性较小、社会危害性不大的罪犯或者经过监管改造、确有悔改表现、不致再危害社会的罪犯在社区中进行有针对性管理、教育和改造的工作。

9.3.7.2 社区矫正的范围

社区矫正的适用范围大致包括：被判处管制的；被宣告缓刑的；被暂予监外执行的，具体包括有严重疾病需要保外就医的、怀孕或者正在哺乳自己婴儿的妇女、生活不能自理，适用暂予监外执行不致危害社会的；被裁定假释的。在符合上述条件的情况下，对于罪行轻微、主观恶性不大的未成年犯、老病残犯以及罪行较轻的初犯、过失犯等，应作为重点对象，适用上述非监禁措施，实施社区矫正。

9.3.7.3 社区矫正的任务

社区矫正工作主要任务有以下三项：

（1）依法加强对矫正对象的监督、管理，确保刑罚的有效实施。例如《社区矫正实施办法》第二十三条规定："社区矫正人员有下列情形之一的，县级司法行政机关应当给予警告，并出具书面决定：（一）未按规定时间报到的；（二）违反关于报告、会客、外出、居住地变更规定的；（三）不按规定参加教育学习、社区服务等活动，经教育仍不改正的；（四）保外就医的社区矫正人员无正当理由不按时提交病情复查情况，或者未经批准进行就医以外的社会活动且经教育仍不改正的；（五）违反人民法院禁止令，情节轻微的；（六）其他违反监督管理规定的"。

（2）加强对矫正对象的教育矫正，通过多种形式，矫正其不良心理和行为，使其认罪伏法，弃恶扬善，人格重新社会化，顺利回归社会。例如《社区矫正实施办法》第十五规定："社区矫正人员应当参加公共道德、法律常识、时事政策等教育学习活动，增强法制观念、道德素质和悔罪自新意识。社区矫正人员每月参加教育学习时间不少于八小时。"第十六条规定："有劳动能力的社区矫正人员应当参加社区服务，修复社会关系，培养社会责任感、集体观念和纪律意识。社区矫正人员每月参加社区服务时间不少于八小时。"

（3）帮助矫正对象解决劳动就业、生活保障、法律、心理等方面遇到的问题和困难。

9.3.8 未成年人刑事案件审判机构

少年法庭是专门处理未成年人刑事案件的审判机构。

《最高人民法院关于适用〈中华人民共和国刑事诉讼法〉的解释》第四百六十二条规定："中级人民法院和基层人民法院可以设立独立建制的未成年人案件

审判庭。尚不具备条件的，应当在刑事审判庭内设立未成年人刑事案件合议庭，或者由专人负责审理未成年人刑事案件。高级人民法院应当在刑事审判庭内设立未成年人刑事案件合议庭。具备条件的，可以设立独立建制的未成年人案件审判庭。未成年人案件审判庭和未成年人刑事案件合议庭统称少年法庭。"

审理未成年人刑事案件，应当由熟悉未成年人身心特点、善于做未成年人思想教育工作的审判人员进行。未成年人刑事案件的人民陪审员，一般由熟悉未成年人身心特点，热心教育、感化、挽救失足未成年人工作，并经过必要培训的共青团、妇联、工会、学校、未成年人保护组织等单位的工作人员或者有关单位的退休人员担任。

《最高人民法院关于适用〈中华人民共和国刑事诉讼法〉的解释》第四百六十三条规定了应由少年法庭审理的案件：

（1）被告人实施被指控的犯罪时不满十八周岁、人民法院立案时不满二十周岁的案件；

（2）被告人实施被指控的犯罪时不满十八周岁、人民法院立案时不满二十周岁，并被指控为首要分子或者主犯的共同犯罪案件。

其他共同犯罪案件有未成年被告人的，或者其他涉及未成年人的刑事案件是否由少年法庭审理，由院长根据少年法庭工作的实际情况决定。

问题与测试

一、填空题

（1）_____是国家的审判机关。

（2）国家的检察机关是_____院。

（3）我国的诉讼主要包括_____、_____、_____三种诉讼制度。

（4）我国民法规定，_____周岁以上的未成年人是限制民事行为能力人。

（5）《中华人民共和国民法总则》由第 12 届全国人大 5 次会议通过，于_____年_____月_____日起施行。

（6）由于婚姻、继承产生的争议属于_____争议，因而诉至法院的，属于_____诉讼。

（7）我国的法院分为_____法院、_____法院、_____法院和最高人民法院四个级别。

（8）级别管辖主要解决_____法院之间在案件审理上的分工问题。

（9）民事诉讼一般的举证原则是_____。

（10）行政诉讼的举证责任实行_____原则。

二、选择题（单选）

（1）社区矫正人员每月参加教育学习时间不少于（　　）小时。

　　A. 8　　　　　　B. 16　　　　　　C. 32　　　　　　D. 64

（2）下列人员中，可以适用社区矫正的是（　　）。

　　A. 被判处管制的　　　　　　　　B. 被判处 6 个月有期徒刑的

　　C. 被判处无期徒刑的　　　　　　D. 被判处拘役的

（3）刑事公诉案件中被告人有罪的举证责任由（　　）承担。

　　A. 公安机关　　B. 人民检察院　　C. 人民法院　　D. 被告人自己

（4）行使国家公诉权的是（　　）。

　　A. 人民法院　　B. 人民检察院　　C. 公安局　　D. 律师

（5）下列事项中，可以提起行政诉讼的有（　　）。

　　A. 不服公安机关吊销驾驶证的

　　B. 不同意天津市人大常委会公共场所禁烟的规定

　　C. 民警张某不服所在公安局对其因休假所给予的扣发工资决定

　　D. 不服天津市公安交通管理局关于在某年 12 月 24 日夜间南京路某路段禁止车辆通行的决定

（6）我国法律规定，向人民法院请求保护民事权利的诉讼时效为（　　）。

　　A. 一年　　　　B. 二年　　　　C. 三年　　　　D. 五年

三、判断题

（1）对公安机关的乱收费、乱罚款的行为可以提起行政诉讼。（　　）

（2）行政诉讼的被告具有恒定性，只能是行政机关。（　　）

（3）9 岁的小学生属于无民事行为能力人。（　　）

（4）派出法庭可以以自己的名义制作判决书。（　　）

（5）所有的刑事案件，都应由人民检察院提起公诉。（　　）

四、案例分析题

　　小张，现 17 岁，家住天津市河东区卫国道某居民小区。邻居老赵，在家里饲养一大型藏獒犬。小张饱受该犬的袭扰，尤其晚间这条大犬的狂叫声让人难以忍受。小张找老赵交涉，人家根本不理。小张找派出所民警，人家说"管不了"。小张实在气愤。

　　根据案例，回答下列问题：

　　（1）小张想自己偷偷地把老赵家的大犬给处理掉。若真如此，小张的行为会有什么法律后果？

（2）小张想上法院告老赵。若真如此，应属于什么性质的诉讼？

（3）小张能自己直接向法院提起诉讼吗？为什么？

（4）小张状告老赵的诉讼，应该向哪个人民法院提起诉讼？

（5）小张状告老赵，需要一份起诉状。这份起诉状的主要内容应有哪些？

（6）假设小张找老赵交涉，双方发生冲突。老赵驱使大犬咬人，经鉴定，小张被咬成重伤。此事还需要小张直接向法院起诉吗？为什么？

（7）小张对派出所民警的做法也非常不满，认为公安机关有责任给自己解决这个问题。他能找公安机关或者法院解决这个问题吗？他该怎么做？

10 申请行政复议

　　生活需要稳定，稳定需要秩序，秩序需要管理，在人口、交通、治安、税收、教育、卫生、环境等方方面面的管理过程中，显示权力和力量的是各种行政机关及其行政行为。作为被管理者、作为行政管理相对人的公民、法人、或者其他组织，如果认为行政机关的具体行政行为侵害了自己的合法权益，除了可以采取"民告官"的行政诉讼，还有一种相对便利的途径，就是行政复议程序。

10.1　行政复议制度

　　【案例 10-1】 村民张某因与朋友们玩"斗地主"涉嫌赌博，被镇公安派出所给予罚款 800 元的行政处罚。张某不服。请问，其该如何是好？

10.1.1　行政复议的概念

　　《中华人民共和国治安管理处罚法》（以下简称《治安管理处罚法》）第七十条规定："以营利为目的，为赌博提供条件的，或者参与赌博赌资较大的，处五日以下拘留或者五百元以下罚款；情节严重的，处十日以上十五日以下拘留，并处五百元以上三千元以下罚款。"治安管理处罚是公安机关的法定职权，其有权依照法律规定对赌博行为予以行政处罚。

　　案例 10-1 中，张某若认为公安机关的处罚行为违法，也就是产生了行政争议，其只能依法向有关机关提请救济。

　　《治安管理处罚法》第一百零二条规定："被处罚人对治安管理处罚决定不服的，可以依法申请行政复议或者提起行政诉讼"。这就是说对治安管理处罚不服，其权利救济途径是可以选择的，可以选择行政复议，也可以选择行政诉讼，具体取决于被处罚人自己的选择。因此，张某可以根据自己的实际情况，既可以直接向人民法院提起行政诉讼，也可以向有管辖权的机关申请行政复议。

　　行政复议是指公民、法人或者其他组织不服行政机关的具体行政行为，依法向其上一级行政机关或其他法定复议机关提出申请，由复议机关审查引起争议的原具体行政行为是否合法、适当，并做出裁决的争议解决活动。

10.1.2　行政复议的性质

行政复议，对于复议机关来说属于裁决行政争议的一种具体行政行为，对于行政系统来说属于系统内部的一种行政监督行为，而对于行政相对人来说则是一种重要的权利救济途径。

行政复议与行政诉讼是解决行政争议的两条途径，二者共同构建起行政纠纷的解决机制，也为当事人的权利救济增加一种选择机会。比较起来看：

（1）行政复议解决问题比较快。根据《行政诉讼法》的规定，人民法院审理第一审行政案件应当在立案之日起 6 个月内做出判决。有特殊情况需要延长的，由高级人民法院批准，高级人民法院审理第一审案件需要延长的，由最高人民法院批准。而根据行政复议法的规定，行政复议机关应当自受理申请之日起 60 日内做出行政复议决定；但是法律规定的行政复议期限少于 60 日的除外。情况复杂，不能在规定期限内做出行政复议决定的，经行政复议机关的负责人批准，可以适当延长，并告知申请人和被申请人；但是延长期限最多不超过 30 日。

（2）行政复议机关还是行政机关，其与被申请人存在着行政隶属关系，既有基于行政隶属关系而形成的解决问题的便捷，也可能存在始终在行政系统内部解决问题而带来的不信任感。

（3）除法律规定复议终局裁决外，行政复议一般不具有终局性。在行政复议和行政诉讼关系的处理上，我国坚持司法最终解决原则和行政复议并非必须阶段原则。对行政复议决定不服的，申请人可以向人民法院提起行政诉讼，行政诉讼才是解决行政争议的最终途径，也是最后的救济途径。

因此，除有复议前置的限制性规定以外，在发生行政争议以后，面对法律赋予的复议和诉讼两种救济途径和权利，需要根据自己的法律知识和智慧做出选择。但是，不能犹豫不决，否则，超过规定的复议或诉讼时效，就等于自己封堵了权利救济通道。

【课堂讨论】案例 10-1 中，公安派出所对张某的处罚，符合法律规定吗？

根据前述的《治安管理处罚法》第七十条规定，以及第九十一条规定："治安管理处罚由县级以上人民政府公安机关决定；其中警告、五百元以下的罚款可以由公安派出所决定"，公安派出所的治安处罚权仅限于"警告、五百元以下的罚款"，其余是不能以自己的名义实施的。案例 10-1 中公安派出所以自己名义对张某的赌博行为进行处罚是其应有的权力，但做出 800 元的行政处罚显

然超过了法定的权限，因而是不符合法律规定的。

10.1.3 行政复议的基本制度

10.1.3.1 一级复议制度

一级复议制度就是指对复议决定不服，只能根据法律规定向人民法院提起行政诉讼，不得再向复议机关的上一级行政机关申请复议。除非有法律的特别规定，否则，只能行使一次复议申请权。

案例 10-1 中，张某不服公安派出所的处罚决定，可以向县公安局申请行政复议。如果张某对县公安局的复议决定还是不服的话，其就不能再向该县公安局的上级主管部门——市公安局或者市人民政府提出复议申请了，只能依法向复议机关所在的人民法院提起行政诉讼。

10.1.3.2 书面复议制度

书面复议制度是指行政复议机关对受理的复议案件进行非公开的、非质对性的审查，进而做出复议决定的制度。

根据《中华人民共和国行政复议法》（以下简称《行政复议法》）第二十二条的规定："行政复议原则上采取书面审查的办法，但是申请人提出要求或者行政复议机关负责法制工作的机构认为有必要时，可以向有关组织和人员调查情况，听取申请人、被申请人和第三人的意见。"

复议机关对复议申请人的复议申请、被申请人提交的答辩、有关被申请人作出具体行政行为的规范性文件和证据进行内部审查，不实行开庭审理的方式。必要时，可以组织听证会，听取一方或者双方的申诉或答辩意见。

10.1.3.3 复议不停止执行制度

【案例 10-2】A 某，男，2000 年 3 月生人，系一所中职学校在校生。2017 年 4 月 4 日的晚上，在校园里闲逛的 A 某觉得路过的 B 某不顺眼，质问 B 某说："你看我干嘛？"随后一拳打在 B 某的面部。后经鉴定，B 某的鼻梁骨骨折，鉴定为轻伤。公安机关对 A 某处以 10 日行政拘留的处罚。A 某不服，申请复议。请问，在 A 某复议申请期间，拘留处罚的决定停止执行吗？

复议不停止执行制度，是指行政机关作出的具体行政行为，不因相对人的不服、申请行政复议而停止执行的制度。也就是说，行政机关的具体行政行为一旦作出，就设定为符合法律规定，对行政机关本身和行政管理相对人都具

有法律约束力，除非依法撤销、改变或宣布无效，否则其始终被认为合法，不停止执行。

在某些情况下，不停止执行可能会给行政管理相对一方的合法权益造成难以补救的实际损害，而停止具体行政行为的执行，又不至于继续造成社会危害的话，依据一定的程序，也可以在复议期间暂停被复议行政行为的执行。据此，《行政复议法》第二十一条在确认行政复议期间不停止具体行政行为执行原则的基础上，规定了有下列情形之一的，可以停止执行：

（1）被申请人认为需要停止执行的。被申请人在公民、法人或者其他组织提出行政复议申请后，认识到自己的具体行政行为可能存在违法或不当的情形，如果不停止执行，会给申请人造成损失，自己也要由此承担行政赔偿责任的不利后果，因而提出停止执行的申请。被申请人认为要停止执行的，应当向受理行政复议的行政机关说明理由，行政复议机关应对该理由进行审查，以防止被申请人徇私情、滥用职权。

（2）行政复议机关认为需要停止执行的。行政复议具有对行政机关实施行政监督的功能，复议机关对被申请人的不合法或不适当的具体行政行为决定停止执行，是对被申请人行使监督权的体现，也是对申请人合法权利的一种救济。

（3）申请人申请停止执行，行政复议机关认为其要求合理，决定停止执行的。申请人也可以申请停止执行，但必须经行政复议机关审查，认为其要求合理的，才能决定停止具体行政行为的执行。复议机关决定停止执行，一般应具备以下两个条件：不停止执行将给申请人造成难以弥补的损失；停止执行不违背国家和社会公共利益。

（4）法律规定停止执行的。即只要法律明确规定停止执行的，复议机关必须停止具体行政行为的执行。如根据《治安管理处罚法》的规定，被处罚人不服行政拘留处罚决定，申请行政复议的，可以向公安机关提出暂缓执行行政拘留的申请。在提供担保人或保证金情况下，复议机关可以根据申请决定停止执行拘留。

根据上述分析，一般情况下，即使A某提出复议申请，对其拘留的决定依然应当执行。除非提出停止执行的申请，请复议机关决断。如果复议机关同意停止执行，其应按要求提供担保人或者交纳保证金。

10.1.3.4 举证责任倒置制度

行政复议中的举证责任，是指在行政复议中应当由谁承担提供证据证明案件事实的责任。

被申请人负有举证责任。《行政复议法》第二十三条规定："被申请人应当自收到申请书副本或者申请笔录复印件之日起10日内，提出书面答复，并提交当初作出具体行政行为的证据、依据和其他有关材料。"

第二十八条第一款第（四）项规定："被申请人不按照本法第二十三条的规定提出书面答复、提交当初作出具体行政行为的证据、依据和其他有关材料的，视为该具体行政行为没有证据、依据，决定撤销该具体行政行为。"这是被申请人不履行举证责任的后果。

这就从正反两个方面说明了作为被申请人的行政机关负有提供证据证明其所作具体行政行为合法性和适当性的义务，确立了行政复议举证责任倒置制度。

申请人也承担一定的举证责任。在行政复议中，并非所有的证据都由被申请人负担，在下列两种情况下，申请人应当提供证明材料：

一是认为被申请人不履行法定职责的，提供曾经要求被申请人履行法定职责而被申请人未履行的证明材料；

二是申请行政复议时一并提出行政赔偿请求的，提供受具体行政行为侵害造成损害的证明材料。

10.1.4　行政复议的提起

需要注意的是，行政复议和行政诉讼一样，都是依申请的行为。

10.1.4.1　申请形式

申请人提出行政复议的申请形式比较灵活，可以书面提出，也可以口头提出。书面申请行政复议的，可以采取当面递交、邮寄或者传真等方式提出行政复议申请。根据规定，有条件的行政复议机构可以接受以电子邮件形式提出的行政复议申请。

10.1.4.2　行政复议申请书

申请人书面申请行政复议的，应当在行政复议申请书中载明下列事项：

（1）申请人的基本情况，包括：公民的姓名、性别、年龄、身份证号码、工作单位、住所、邮政编码；法人或者其他组织的名称、住所、邮编和法定代表人或者主要负责人的姓名、职务；

（2）被申请人的名称；

（3）行政复议请求、申请行政复议的主要事实和理由；

（4）申请人的签名或者盖章；

（5）申请行政复议的日期。

10.1.4.3　行政复议申请时效

《行政复议法》第九条规定："公民、法人或者其他组织认为具体行政行为侵犯其合法权益的，可以自知道该具体行政行为之日起六十日内提出行政复议申请；但是法律规定的申请期限超过六十日的除外。"

10.2 行政复议的范围

10.2.1 提起行政复议的范围

【案例10-3】 2017年1月的一天晚上，天津市环境监察总队对坐落在北辰区的A公司下属供热站进行现场检查，执法人员向该单位工作人员出示"行政执法证"表明身份，要求进入供热站进行现场检查，该单位工作人员拒绝执法人员进入现场进行检查。执法人员对现场检查情况进行了录像取证并制作现场检查笔录。针对该单位环境违法行为，对其下达了《行政处罚听证告知书》（以下简称《告知书》），责令该单位改正违法行为，处二万元以上二十万元以下的罚款。

请问：A公司接到《告知书》后该怎么办？如被实际处罚后不服，能申请行政复议吗？哪些行政争议可以申请行政复议？

行政处罚听证告知书，是行政机关在作出责令停产停业、吊销许可证或者执照、较大数额罚款等重大行政处罚决定前，给当事人下达的、告知其有权申请听证的书面通知文件。如果A公司要求听证，其应当根据《行政处罚法》第四十二条的规定，在收到听证告知书后三日内提出听证要求。

"当事人要求听证的，行政机关应当组织听证。"经听证程序后，行政机关将视情况做出处理，对确有应受行政处罚的违法行为的，根据情节轻重及具体情况，对行政相对人作出行政处罚决定。

如果A公司最终受到行政处罚，且其不服的，根据《行政复议法》"对行政机关作出的警告、罚款、没收违法所得、没收非法财物、责令停产停业、暂扣或者吊销许可证、暂扣或者吊销执照、行政拘留等行政处罚决定不服"可以申请行政复议的规定，其可以向有管辖权的行政机关提出行政复议。

行政复议的受案范围，是指公民、法人或者其他组织不服行政行为依法可以向行政复议机关申请复议的范围。也就是说，行政复议机关对哪些行政争议拥有复议管辖权的问题。《行政复议法》规定，可以申请行政复议的情形，包括：

（1）对行政机关作出的警告、罚款、没收违法所得、没收非法财物、责令停产停业、暂扣或者吊销许可证、暂扣或者吊销执照、行政拘留等行政处罚决定不服的。行政处罚的形式多种多样，主要规定于《行政处罚法》和其他如税务、海关、环保、教育、交通、人口等具体行政法律、法规、规章之中。依照规定，一般均可提出复议申请。

（2）对行政机关作出的限制人身自由或者查封、扣押、冻结财产等行政强制措施决定不服的。行政强制措施是行政机关为履行行政管理职能的需要依法对公民人身自由加以限制以及对行政管理相对人所拥有的财产予以限制使用、流通的一种强制手段。一旦被采取行政强制措施，无论是人身自由还是财产限制，都可以依法行使行政复议的救济权利。

（3）对行政机关作出的有关许可证、执照、资质证、资格证等证书变更、中止、撤销的决定不服的。许可证和执照等证书是公民、法人或者其他组织能够从事某种活动的法律凭证。失去这种凭证或者其所载内容受到制约，都会影响到行政管理相对人的行为能力。

（4）对行政机关作出的关于确认土地、矿藏、水流、森林、山岭、草原、荒地、滩涂、海域等自然资源的所有权或者使用权的决定不服的。

（5）认为行政机关侵犯合法的经营自主权的。经营自主权是经济活动主体应当享有的一种基本权利，包括对财产的占有、使用、收益和处分的权利。行政机关对上述权利活动的非法干预，都属于非法干预经营自主权，受到侵害的组织都可以提起行政复议，请求撤销强加其身的法外负担或者制约。

（6）认为行政机关变更或者废止农业承包合同，侵犯其合法权益的。

（7）认为行政机关违法集资、征收财物、摊派费用或者违法要求履行其他义务的。公民、法人或者其他组织在社会活动中应当承担哪些行政法上的责任和义务，取决于法律的明示。被要求承担或履行没有法律依据的义务，就是权利受到侵犯，均可依法申请复议，得到权利的救济和保护。

（8）认为符合法定条件，申请行政机关颁发许可证、执照、资质证、资格证等证书，或者申请行政机关审批、登记有关事项，行政机关没有依法办理的。行政机关依照申请，颁发许可证和执照，是赋予申请人从事某种活动的权利和资格的具体行政行为。申请人的申请需要依照法定的条件和程序，行政机关的审批、签发行为也应当依照明示的条件、程序和期限。该颁发的不予颁发、不在规定期限内颁发或者"不予答复"的未置可否态度，都是对申请人权利的侵害。对实施许可证等管理的事项，无证就不得为之。为此，设定行政复议的救济途径非常必要。

（9）申请行政机关履行保护人身权利、财产权利、受教育权利的法定职责，行政机关没有依法履行的。行政机关的法定职责，既是其法定的权力，也是其必须履行的法定义务。公民、法人或者其他组织的人身权、财产权、受教育权受到侵犯，有权申请具有法定职责的行政机关给予保护，对拒绝履行法定职责或不予答复的不作为，法律就赋予其行政复议和行政诉讼的救济权利。

（10）申请行政机关依法发放抚恤金、社会保险金或者最低生活保障费，行政机关没有依法发放的。抚恤金、社会保险金以及最低生活保障费等是社会基于特定公民的基本生活保障，负有审批、发放这部分资金的行政机关必须尽职尽责，否则，认为受到权利侵害的公民就有权依法申请行政复议。

（11）认为行政机关的其他具体行政行为侵犯其合法权益的。

10.2.2　行政复议前置案件

复议前置案件，就是指法律明确规定必须先经过行政复议程序，对复议决定不服的才能再向法院提起行政诉讼的案件。若有此规定，那么未经过复议程序的，法院将不会直接受理。《行政诉讼法》第四十四条规定："对属于人民法院受案范围的行政案件，公民、法人或者其他组织可以先向行政机关申请复议，对复议不服的，再向人民法院提起诉讼；也可以直接向人民法院提起诉讼。法律、法规规定应当先向行政机关申请复议，对复议不服再向人民法院提起诉讼的，依照法律、法规的规定。"在我国当前行政法律体系中，复议前置的案件主要包括：

（1）自然资源所有权、使用权确认案件。《行政复议法》第三十条第一款规定："公民、法人或者其他组织认为行政机关的具体行政行为侵犯其已经依法取得的土地、矿藏、水流、森林、山岭、草原、荒地、滩涂、海域等自然资源的所有权或者使用权的，应当先申请行政复议；对行政复议决定不服的，可以依法向人民法院提起行政诉讼。"

（2）纳税争议案件。《中华人民共和国税收征收管理法》第八十八条第一款规定："纳税人、扣缴义务人、纳税担保人同税务机关在纳税上发生争议时，必须先依照税务机关的纳税决定缴纳或者解缴税款及滞纳金或者提供相应的担保，然后可以依法申请行政复议；对行政复议决定不服的，可以依法向人民法院起诉。"

《中华人民共和国海关法》第六十四条规定："纳税义务人同海关发生纳税争议时，应当缴纳税款，并可以依法申请行政复议；对复议决定仍不服的，可以依法向人民法院提起诉讼。"

10.3　行政复议的管辖

【案例10-4】A某在天津市河东区某处经营一家餐馆。某日，区工商局检查，以其营业执照未经年检为由，责令停业，并决定罚款人民币2000元。若A某不服，申请复议，该向哪个行政复议机关提出申请？

案例10-4涉及了行政复议的管辖问题。行政复议管辖，就是指在行政系统内部不同职能、不同层级的行政机关之间，在受理行政复议案件方面的权限和分工。它解决的是哪一级行政机关、哪个地方的行政机关负责行政复议的问题。

接受行政管理相对方的复议申请，审查原具体行政行为，做出复议决定的行政机关，称为复议机关。明确复议管辖，便于提高行政效率，也便于复议申请人复议申请权的行使。对于一个具体案件，究竟应属于哪一个复议机关管辖，需要根据《行政复议法》的具体规定而定。

级别管辖就是指在行政系统内部，确定上级行政机关对下级行政机关具体行政行为引起的行政争议的管辖范围，其比行政诉讼的级别管辖要复杂得多。

10.3.1　一般级别管辖

一般级别管辖是指在通常情况下，行政复议案件由作出原具体行政行为的行政机关的上一级行政机关管辖。简称"上一级管辖"。但是，这里的"上一级"，包括上一级政府和上一级业务主管机关。因此，一般级别管辖又可以分为政府管辖和部门管辖。

10.3.1.1　部门管辖

对县级以上地方各级政府工作部门的具体行政行为不服的，由申请人选择，可以向该部门的本级人民政府申请行政复议，也可以向上一级主管部门申请行政复议。

例如，对天津市河东区教委的具体行政行为不服的复议申请，由河东区人民政府或者天津市教委管辖。认为权益受损的行政管理相对人既可以向河东区人民政府申请复议，也可以向天津市教委申请复议。

但是，对于实行垂直领导的行政机关和国家安全机关的行政复议机关的确定，不完全适用上述规则。对海关、金融、国税、外汇管理等实行垂直领导的行政机关和国家安全机关的具体行政行为不服的，向上一级主管部门申请行政复议。对这类情形，就不存在选择管辖的问题，只能按照法律规定直接采取行动。例如对天津市红桥区国家税务局的具体行政行为不服的，就不能向红桥区人民政府申请复议，而应该向天津市国家税务局申请复议。

10.3.1.2　政府管辖

政府管辖主要有两种情况：

第一种情况，不具选择性的政府管辖。对地方各级政府的具体行政行为不服的，向上一级地方人民政府申请行政复议。对乡、民族乡、镇政府作出的具体行政行为不服的，就应当向县、自治县、市辖区、不设区的市的人民政府申请行政复议。但是不能向上一级政府的主管部门或者更上一级人民政府申请复议。

例如对天津市宝坻区人民政府的行政行为不服申请复议的，就需要向天津市人民政府提出申请。对静海区大邱庄镇的行政行为不服，应当向静海区人民政府申请行政复议。

第二种情况，选择性的政府管辖。对国务院部门或者省、自治区、直辖市人民政府的具体行政行为不服的，向作出该具体行政行为的国务院部门或者省、自治区、直辖市人民政府申请行政复议。对行政复议决定不服的，可以向人民法院提起行政诉讼；也可以向国务院申请裁决，国务院依照本法的规定做出最终裁决。

例如河北省人民政府作出的具体行政行为被申请复议的，复议机关应当是河北省人民政府本身。对复议决定不服的，还可以提起行政诉讼。但是，如果不愿意向河北省人民政府提出行政复议，那也可以向国务院申请裁决，此时国务院的裁决就是终局裁决，不能再提起行政诉讼了。

10.3.2　特殊级别管辖

特殊级别管辖是相对于一般级别管辖而言的，是指某些特殊的具体行政行为引起的行政复议案件，依法由特定的行政机关管辖。具体包括：

（1）共同管辖。对两个或者两个以上行政机关以共同的名义作出的具体行政行为不服的，向其共同上一级行政机关申请行政复议。

（2）派出管辖。不服行政机关的派出机关和派出机构的具体行政行为，存在三种情况：

1）对县级以上地方人民政府依法设立的派出机关的具体行政行为不服的，向设立该派出机关的人民政府申请行政复议。

2）对政府工作部门依法设立的派出机构依照法律、法规或者规章规定，以自己的名义作出的具体行政行为不服的，向设立该派出机构的部门或者该部门的本级地方人民政府申请行政复议。

3）对省、自治区人民政府依法设立的派出机关所属的县级地方人民政府的具体行政行为不服的，向该派出机关申请行政复议。

（3）授权管辖。对法律、法规授权的组织的具体行政行为不服的，分别向直接管理该组织的地方人民政府、地方人民政府工作部门或者国务院部门申请行政复议。

（4）撤销管辖。对被撤销的行政机关在撤销前所作出的具体行政行为不服的，向继续行使其职权的行政机关的上一级行政机关申请行政复议。

需要注意的是，属于共同管辖、派出管辖、授权管辖和撤销管辖的，申请人也可以向具体行政行为发生地的县级地方人民政府提出复议申请。接受复议申请的县级地方人民政府对属于其他行政复议机关受理的复议申请，应当自接到该复议申请之日起 7 日内，转送有关行政复议机关，并告知申请人。接受转送的行政复议机关应当依照规定，进行审查，作出是否受理的决定。

10.3.3 选择管辖

选择管辖是指两个或者两个以上的行政机关都有管辖权时，申请人可以自由选择其中的一个申请复议；如果申请人向两个或者两个以上的有管辖权的行政机关申请复议的，由最先收到复议申请的行政机关管辖。

根据上述分析，案例 10-4 中 A 某可以向河东区人民政府申请复议，也可以向天津市工商局申请行政复议，其可在二者之中选择确定一个复议机关提出复议申请。

【课堂活动】张某不服因赌博受到公安派出所的罚款处罚，其该向何处提出复议申请？

公安派出所是县、市辖区或者不设区的市公安（分）局设立的派出机构。《治安管理处罚法》第九十一条规定了警告、五百元以下的罚款可以由公安派出所决定，明确了公安派出所可以以自己的名义实施某些治安处罚。

根据《行政复议法》的规定，对政府工作部门依法设立的派出机构依据法律、法规或者规章，以自己的名义作出的具体行政行为不服的，向设立该派出机构的部门或者该部门的本级地方人民政府申请行政复议。

因此，不服公安派出所的治安处罚而提起的复议申请，可以向派出它的县、市、区公安（分）局提出，也可以向该县人民政府提出复议申请。

问题与测试

一、填空题

(1) 行政诉讼和＿＿＿＿＿＿是解决＿＿＿＿＿争议的两条重要的救济途径。

(2) 被处罚人对治安管理处罚决定不服的，可以依法申请＿＿＿＿＿＿或者提起＿＿＿＿＿＿。

(3) 复议机关应当自受理申请之日起＿＿＿＿＿＿内做出行政复议决定；但是法律规定的行政复议期限少于＿＿＿＿＿＿日的除外。

(4) 对县级以上地方各级人民政府工作部门的具体行政行为不服的，由申请人选择，可以向＿＿＿＿＿＿申请行政复议，也可以向＿＿＿＿＿＿申请行政复议。

(5) 公民认为行政机关具体行政行为侵犯其合法权益的，可在知道该具体行政行为之日起_____日内提出行政复议申请；但是法律规定申请期限超过_____日的除外。

（6）对天津市公安局和天津市文化局共同作出的具体行政行为不服的，可以向_____申请行政复议。

二、判断题

（1）行政复议对于行政系统来说属于一种行政监督行为。（　　　）

（2）公民不服行政机关具体行政行为的，必须先申请行政复议。（　　　）

（3）行政复议机关应当自受理复议申请之日起 6 个月内做出复议决定。（　　　）

（4）对教育部的具体行政行为不服的，如果向国务院申请裁决，则国务院的裁决即为最终裁决。（　　　）

（5）凡有复议前置程序规定的，就必须先经过行政复议，才能再提起行政诉讼。（　　　）

三、选择题

（1）行政复议一般应当自受理申请之日起（　　　）内做出复议决定。

　　A. 30 日　　　　　　B. 60 日　　　　　　C. 3 个月　　　　　　D. 6 个月

（2）下列不能申请行政复议的情形包括（　　　）。

　　A. 行政机关作出的撤职处分

　　B. 公安交管局关于限制某一路段通行的决定

　　C. 对工商机关的处罚决定不服的

　　D. 国家的对外宣战行为

（3）对天津市河西区文化局的处罚决定不服，可以向（　　　）申请行政复议。

　　A. 河西区人民政府　　　　　　　　B. 天津市人民政府

　　C. 天津市文化局　　　　　　　　　D. 国务院

（4）申请行政复议的时效一般为（　　　）。

　　A. 30 日　　　　　　B. 60 日　　　　　　C. 15 日　　　　　　D. 90 日

（5）行政复议机关责令被申请人重新做出具体行政行为的，被申请人不得以（　　　）做出与原具体行政行为相向或者基本相同的具体行政行为。

　　A. 同一事实和理由　　　　　　　　B. 同一事实

　　C. 同一理由　　　　　　　　　　　D. 新的事实和理由

四、案例分析题

2017 年 4 月 24 日《天津日报》刊登《天津市津南区民政局行政处罚公告》：依据国务院《社会团体登记管理条例》、《民办非企业单位登记管理暂行条例》，决定给予天津市津南区税务学会、天津市津南区体育总会、天津市津南区文化行业联合会等拒不接受或者不按照规定接受监督检查的社会组织撤销登记行政处罚。

　　请问： 被处罚的天津市津南区税务学会等单位如果不服该行政处罚，该如何采取救济措施？

11　申请仲裁

仲裁是诉讼之外的一种法定的纠纷解决机制。在汉语里，"仲"表示地位居中的意思，"裁"表示审理、决定的意思。仲裁两字意为位次居中人的裁决。仲裁，又称为公断，是指双方当事人自愿将争议提交给无利害关系的第三方审理，并作出对争议双方产生约束力的裁决的一种纠纷解决方式。这种方式被国家以法律的形式确定下来，就成为一种国家强制力保证执行的法律制度。仲裁是一种重要的纠纷解决方式或者权利救济方式。

11.1　仲裁的特点与制度

11.1.1　仲裁的特点

1994 年 8 月第八届全国人民代表大会常务委员会第九次会议通过了《中华人民共和国仲裁法》（以下简称《仲裁法》），统一和完善了我国的仲裁法律制度，把仲裁限制在经济纠纷范畴，这是一种不可忽视的权利救济途径。此外，包括国务院办公厅 1995 年 7 月 28 日发布的《仲裁委员会仲裁暂行规则示范文本》，以及包括《天津仲裁委员会仲裁暂行规则》、《长春仲裁委员会仲裁规则》等各地仲裁机构制定的仲裁规则，都是不可忽视的内容。

仲裁作为解决经济纠纷的一种法律手段，相比于诉讼有以下优点。

11.1.1.1　自愿

尊重当事人意愿原则是仲裁的基本原则之一。自愿是仲裁与诉讼程序最显著的差别。主要体现在：

（1）是否仲裁、向哪个机构申请仲裁，都取决于双方的意愿。发生民商事纠纷以后，是否提起诉讼当然也取决于当事人的意愿，在这一点上仲裁和诉讼都是依申请的行为。但是如果选择诉讼，就必须按照民事诉讼法的规定确定管辖的法院，这是没什么选择而言的。而如果选择仲裁，则当事人可以协商选择将纠纷交由哪一个仲裁机构去解决。

（2）仲裁员的选择。当事人无权选择法官，但可以选择仲裁员。仲裁庭可以由仲裁员一人或者三人组成。当事人约定由一名仲裁员成立仲裁庭的，由当事人共同选定或者共同委托仲裁委员会主任指定仲裁员。当事人约定由三名仲裁员组成仲裁庭的，各自选定或者各自委托仲裁委员会主任指定一名仲裁员，第三名仲裁员由当事人共同选定或者共同委托仲裁委员会主任指定。第三名仲裁员是首席仲裁员。接受仲裁，不是服从于强制力，而是靠双方的合意与信任。

（3）对裁决书的建议权。法院的判决书有着规范的格式，不得简略规范的内容。但是对于仲裁的裁决书，当事人则可以提出建议。如果当事人双方协议不愿写明争议事实和裁决理由的，那么裁决书上就可以不写争议的事实和裁决理由，只需把裁决结果写明即可。

11.1.1.2　独立

仲裁委员会独立于行政机关，与行政机关没有隶属关系。仲裁委员会可以在直辖市和省、自治区人民政府所在地的市设立，也可以根据需要在其他设区的市设立，不按行政区划层层设立。仲裁委员会一般由相关地区的市的人民政府组织有关部门和商会统一组建。仲裁委员会之间也没有隶属关系。仲裁依法独立进行，不受任何行政机关、社会团体和个人的非法干涉。《仲裁法》规定有仲裁员回避等制度，用以保障仲裁的公平、公正。仲裁庭上，争议双方有充分表达自己主张的权利，讲究证据，注重事实，明辨是非，秉公决断。

11.1.1.3　专业

仲裁员强调"从公道正派的人员中聘任"，我国《仲裁法》规定的仲裁员基本上是具有 8 年以上仲裁、律师、审判工作经历的人或者从事法律、经济贸易实践工作的高级职称人员，是法律、经济贸易或者其他领域的专家，有较高的专业水平、丰富的实践经验、良好的道德修养，以助于提高办案质量和效率。

11.1.1.4　高效

（1）仲裁不实行级别管辖和地域管辖，不像诉讼那样有严格的地域、级别的限制，选择起来比较方便。

（2）仲裁实行一裁终决制。诉讼实行四级两审终审制，对一审不服的再上诉，来回来去，周期很长。但仲裁实行的是一裁终决制，裁决做出后，当事人就同一纠纷再申请仲裁或者向人民法院起诉的，仲裁委员会或者人民法院不予受理。

（3）仲裁的程序简便，审理期间短，效率高。仲裁庭应当在组庭后的次日起 4 个月内作出仲裁裁决。适用简易程序审理的案件应当在仲裁庭组成后 45 日内作出裁决。特别情况需要延长的，由仲裁庭书面提请本委员会主任批准，可以适当延长。

11.1.1.5　保密

仲裁审理应当开庭，但实行开庭不公开审理的原则，除非当事人协议公开的，才可以公开进行。仲裁的裁决书也不像判决书那样格式化，可以根据当事人的要求只写结论而不写事实和理由，以利于保护当事人的商业秘密，而且也有利于当事人信任、合作关系的修复。

11.1.2　我国仲裁的基本制度

【案例 11-1】周某为购买坐落于天津市河东区卫国道旁某住宅小区一套商品房，于 2015 年 3 月 1 日与大华房地产开发有限公司签订了《天津市商品房买卖合同（住宅类）》，其中约定："经验收合格并取得《天津市新建住宅商品房准许交付使用证》后，方可交付。"交房日期约定为 2016 年 9 月 30 日前，逾期交房应承担相应违约责任。并约定发生争议协商不成时，"向天津市仲裁委员会申请仲裁"。

2016 年 9 月 20 日，周某按开发商通知办理了入住手续。2016 年 12 月，正在房屋装修过程中的周某得知，开发商至今还未取得《天津市新建住宅商品房准许交付使用证》（以下简称《准许使用证》）。直到 2017 年 2 月在申请人等多次要求下，开发商才出示《准许使用证》，其载明的签发日期为 2017 年 1 月 15 日。他认为开发商在不具备交付条件的情况下让他们办理交接入住手续，应该是无效的行为，开发商应该承担延期交付的违约责任，按照合同约定的标准给他们支付违约金。周某找开发商理论，结果人家一句"你爱怎么着就怎么着吧！"。

周某火冒三丈，该怎么办？

11.1.2.1　协议仲裁制度

【问题】周某能向仲裁委员会申请仲裁吗？

周某可以依据合同的约定，向天津市仲裁委员会申请仲裁。因为在其购房合同中有关于仲裁协议的明确规定。

仲裁协议，是指双方当事人自愿将他们之间的纠纷提交仲裁解决的一种书面意思表示。仲裁协议有两种形式，一种是内载于合同之中的仲裁条款，另一种是在纠纷发生前或者纠纷发生后独立签署的关于仲裁的协议。此外，在民商事活动中，通过信函、电报、电传或其他书面材料，共同约定将已发生或者将来可能发生的有关争议提交仲裁，这些记载当事人约定仲裁的意思表示的往来信函、电报、电传或其他书面材料也可以视为一种仲裁协议。

其一，仲裁协议是双方自愿的合意。它要求将争议提交仲裁解决，必须在双方当事人自愿的基础之上达成仲裁协议。

其二，仲裁协议的内容充分体现双方的自愿。在协议中，双方可以自主选择提请仲裁的仲裁委员会、自主选择仲裁员、约定提交仲裁的争议事项、约定审理方式、开庭形式、裁决是否附具理由等内容。

其三，仲裁协议的要件。仲裁协议包括请求仲裁的意思表示、仲裁事项、选定的仲裁委员会等事项。仲裁协议的形式要件，即仲裁协议必须以书面方式订立。以口头方式订立的仲裁协议不受法律保护。

《仲裁法》第四条规定："当事人采用仲裁方式解决纠纷，应当双方自愿，达成仲裁协议。没有仲裁协议，一方申请仲裁的，仲裁委员会不予受理。"这明确了仲裁法的自愿原则和协议仲裁制度。

仲裁协议是仲裁机构受理案件的依据，是仲裁机构行使管辖权的前提，协议仲裁制度是仲裁自愿原则的具体体现，也是整个仲裁制度的核心和基石。

仲裁委员会受理案件必须基于双方当事人的共同授权，没有当事人双方的共同协议，任何一方仅凭自己单方面的愿望是不能将纠纷提请仲裁的，即使有单方提出申请，仲裁委员会也不能受理。

11.1.2.2　或裁或审制度

【问题】如果周某向河东区人民法院提起诉讼，法院还会受理吗？

周某不能向人民法院提起诉讼。即使其起诉，人民法院也不应当受理此案。一般来说，凡是认为民事权利受到侵害的公民、法人以及其他组织，都可以向人民法院提起诉讼，主张自己的权利。但对于本案，由于在合同中约定了仲裁条款，那周某就不能再直接向人民法院提起诉讼了。即使其提起诉讼，法院也不应当受理。

诉讼和仲裁是两种最具影响力的纠纷解决方式。生效的法院裁判文书是具有强制执行效力的；而仲裁裁决也是具有法律效力的。一方当事人不履行的，另一方当事人可以依照民事诉讼法的有关规定向人民法院申请执行。

因此，在仲裁和诉讼的关系上，我国采取的是自愿选择，但只能取其一的原则。《仲裁法》第五条规定："当事人达成仲裁协议，一方向人民法院起诉的，人民法院不予受理，但仲裁协议无效的除外。"这确立了我国在仲裁和诉讼之间的或裁或审制度。

或裁或审制度是我国仲裁法的一项基本制度，是指当事人选择解决争议途径时，在仲裁与审判中只能选择其一的制度。当事人选择了以仲裁途径解决争议，就不可以再选择诉讼；当事人若选择了诉讼就不可以同时选择仲裁。

或裁或审是尊重当事人选择解决争议途径的制度。根据规定，当事人双方一经达成仲裁协议，即应受到协议的约束，任何一方都应信守协议，如果发生争议就交付仲裁处理，而不能背弃协议再去寻求诉讼途径解决争议。如果一方当事人不遵守协议的约定而向法院起诉，另一方即可在实质性答辩前向法院提出管辖权异议。法院对争议案件的管辖权因当事人双方共同选择了仲裁而被排除。只要仲裁协议合法有效，人民法院就应根据当事人的初衷，对已有仲裁协议的起诉不予受理。已经受理的，法院也会裁定驳回对方的起诉。

但在特殊情况下，即使有仲裁协议，法院也可干涉。

（1）仲裁协议无效的，可以向人民法院起诉。《仲裁法》第十七条规定了仲裁协议无效的情形：约定的仲裁事项超出法律规定的仲裁范围的；无民事行为能力人或者限制民事行为能力人订立的仲裁协议；一方采取胁迫手段，迫使对方订立仲裁协议的。此外，由于"仲裁协议对仲裁事项或者仲裁委员会没有约定或者约定不明确的"，当事人又达不成补充协议的，仲裁协议无效。如果当事人对仲裁协议的效力产生异议，可以请求仲裁委员会作出决定或者请求人民法院作出裁定。因此，如果签订有仲裁协议，除非仲裁机构或者法院裁定无效外，法院就不会受理其起诉。

（2）合同的一方当事人向人民法院起诉时没有声明有仲裁协议，合同另一方在首次开庭前未对人民法院受理该案提出异议的，视为放弃仲裁协议，人民法院可以继续审理。

虽然仲裁协议是当事人的合意，是当事人共同选择的结果，但如果一方当事人不遵守协议而提起诉讼，另一方当事人即被告方又不依据其仲裁协议提出抗辩的，就可推定其默示放弃了仲裁协议。此后，被告就不得再以有仲裁协议为由提出抗辩。

11.1.2.3 一裁终局制度

【问题】 假若周某向天津市仲裁委员会申请了仲裁，可是他对仲裁裁决不服。请问，周某还能向其他仲裁机构申请复议或者向人民法院提起诉讼吗？

周某不能以不服仲裁委员会仲裁裁决为由再向其他仲裁机构申请复议，也不能再向人民法院提起诉讼。

一裁终局制度，就是指仲裁裁决一经作出就依法具有法律效力，当事人不能以同一纠纷再向仲裁委员会申请复议或者向法院起诉。即使其提出，仲裁机构或者法院也不应受理。

当事人的争议经仲裁庭开庭审理所作裁决具有与终局判决相同的法律效力，任何法院或仲裁机构不得就同一事项再次受理，当事人不能就同一事项再次申请仲裁或提起诉讼；它对本案的权利义务具有执行力，败诉方当事人如不履行裁决规定的义务，胜诉方当事人有权申请强制执行。

如果仲裁裁决被法院裁定撤销或者不予执行的，当事人就可以针对该纠纷根据双方重新达成的仲裁协议申请仲裁，也可以向人民法院起诉。仲裁法规定，人民法院对仲裁具有监督权，对具有法定情形的仲裁裁决，人民法院可以依申请裁定撤销裁决或不予执行。此时，由于一裁终局制度，裁决对争议已有既判力，故而当事人之间不得依原有仲裁协议再行申请仲裁，只能重新达成仲裁协议，并据此申请仲裁。如不能达成协议，一方当事人只能向人民法院起诉，通过诉讼方式解决争议。

11.2　仲裁的范围

11.2.1　仲裁受案范围

仲裁主要管辖的是平等主体的公民、法人和其他组织之间发生的合同纠纷和其他财产权益纠纷。仲裁受理的纠纷范围远小于诉讼，一般限于民事和商事纠纷。只有法律规定属于仲裁的，才能申请仲裁，仲裁机构也才能受理该案件。仲裁受案范围一般包括买卖、房地产、借贷、证券、期货、保险、投资、知识产权、工程、运输、租赁等方面的经济纠纷以及法律法规特别规定的经济纠纷。

11.2.2　《仲裁法》明确不受理的纠纷

（1）婚姻、收养、监护、抚养、继承纠纷；
（2）依法应当由行政机关处理的行政争议；
（3）劳动争议纠纷；
（4）农业集体经济组织内部的农业承包合同纠纷。

11.2.3　专门仲裁制度

在我国的法律制度中，有《仲裁法》、《中华人民共和国劳动争议调解仲裁法》（以下简称《劳动争议调解仲裁法》）、《中华人民共和国农村土地承包经营纠纷调解仲裁法》等仲裁法律规定，它们在仲裁机构设置、受案范围、管辖方式、裁决效力等方面均有所差异。一般所说的仲裁，主要是指《仲裁法》所调整的仲裁活动。

劳动争议纠纷依照《劳动争议调解仲裁法》、农业集体经济组织内部的农业承包合同纠纷依照《中华人民共和国农村土地承包经营纠纷调解仲裁法》解决。

11.3　仲裁的流程

（1）申请人书面提出申请。
1）仲裁是依申请的行为，没有申请就不会发生仲裁的问题。

【知识链接】仲裁申请书应当载明的事项
当事人申请仲裁，应当向仲裁委员会递交仲裁协议、仲裁申请书及副本。申请书中应写明以下事项：

① 当事人的基本情况。仲裁申请书应当分别写明申请人与被申请人的基本情况。当事人是自然人的，应写明其姓名、性别、年龄、职业、工作单位和住所；当事人是法人和其他组织的，应当写明其名称、住所和法定代表人或主要负责人的姓名、职务。如有代理人，应写明代理人的基本情况。代理人是律师的，只写明律师姓名及其所属律师事务所即可。

② 仲裁请求和所根据的事实、理由。仲裁请求是申请人向仲裁委员会并通过仲裁委员会向被申请人提出的；根据的事实、理由是原告和被告之间的法律关系和所发生的纠纷，以及申请仲裁的根据。

③ 证据和证据来源、证人姓名和住所。申请人应当举出证据，并说明证据要证明的事实；如果有证人，应写明证人的姓名、住址、电话等。

2）申请人向协议中约定的仲裁机构申请仲裁。当事人向其选定的仲裁委员会申请仲裁，必须符合下列条件：有仲裁协议；有具体的仲裁请求和事实、理由；属于仲裁委员会的受理范围。

（2）受理。仲裁委员会收到仲裁申请书之日起五日内，认为符合受理条件的，应当受理，并通知当事人；认为不符合受理条件的，应当书面通知当事人不予受理，并说明理由。

（3）组成仲裁庭。仲裁庭可以由三名仲裁员或者一名仲裁员组成。当事人没有在仲裁规则规定的期限内约定仲裁庭的组成方式或者选定仲裁员的，由仲裁委员会主任指定。仲裁庭组成后，仲裁委员会应当将仲裁庭的组成情况书面通知当事人。

（4）开庭。仲裁应当开庭进行。开庭仲裁，是指在确定的时间，仲裁庭在双方当事人或其代理人的参加下，通过听取当事人或者代理人的口头陈述、出示证据、质证和进行辩论，对当事人之间的争议进行实质审查，并在此基础上作出裁决的活动。

当事人协议不开庭的，仲裁庭可以根据仲裁申请书、答辩书以及其他材料作出裁决。

（5）调解。仲裁庭在做出裁决前，可以先行调解。当事人自愿调解的，仲裁庭应当调解。调解达成协议的，仲裁庭应当制作调解书或者根据协议的结果制作裁决书。调解书与裁决书具有同等法律效力。调解书经双方当事人签收后，即发生法律效力。但是，在调解书签收前当事人反悔的，属于调解无效，没有法律效力。

（6）裁决。对于不同意调解或者调解不成的，仲裁庭应当及时做出裁决，制作裁决书。同时根据仲裁法的规定，对于当事人自行和解的，即使未经过仲裁庭的审理，当事人也可以请求仲裁庭根据和解协议作出裁决书。

仲裁的流程如图 11-1 所示。

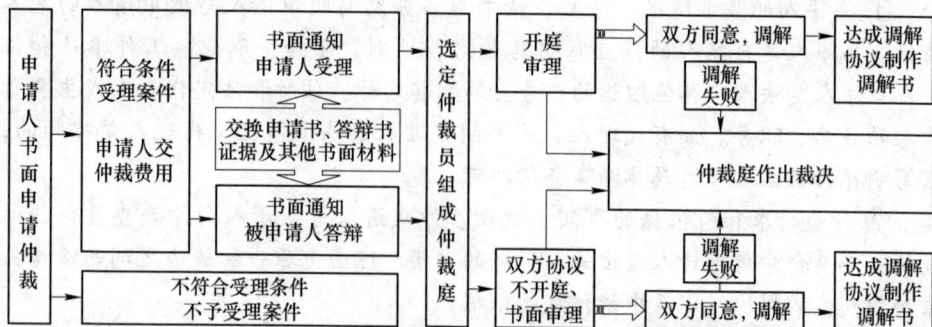

图 11-1　仲裁的流程

11.4　仲裁的效力

11.4.1　仲裁裁决的生效时间

我国仲裁实行一裁终决制，仲裁机构做出的裁决就是终局裁决。根据我国《仲裁法》第五十七条"裁决书自做出之日起发生法律效力"的规定，仲裁裁决自裁决做出之日起生效。

11.4.2　仲裁裁决的拘束力

（1）对当事人的效力。仲裁裁决做出以后，当事人不得就该裁决所解决之争议再向其他仲裁机构申请仲裁，也不得再向法院起诉。

（2）对仲裁机构和法院的约束力。仲裁裁决做出以后，法院和其他仲裁机构不得受理已由生效裁决所解决的争议事项。

（3）强制执行的效力。仲裁裁决出以后，义务人在裁决书规定的期间内拒不履行其义务的，权利人可以向法院申请强制执行。

【课堂活动】模拟仲裁

任务：根据上述周某商品房买卖纠纷案，组织模拟庭审。

目的：感受仲裁氛围；了解仲裁流程；熟悉仲裁相关知识。

要求：（1）可适当增添关于当事人以及案情的具体情节，以使申请书的书写具体完整。

（2）确定当事人、仲裁员、书记员等角色。

（3）模拟仲裁庭的环境布置，包括仲裁庭的标识、仲裁员、仲裁参与人员的桌牌等。

（4）准备仲裁员名册、指定仲裁员的书面文件等。

（5）准备好仲裁申请书等文件。

（6）制作一份双方同意公开审理的书面文件，以便于安排旁听。

（7）组织仲裁庭，开庭审理。

问题与测试

一、填空题

（1）平等主体的_____、_____和_____之间发生的_____纠纷和其他_____纠纷可以申请仲裁。

（2）仲裁实行_____终局制度。裁决作出后，当事人就同一纠纷再次申请仲裁的，将不予受理。

（3）仲裁庭由3名仲裁员组成的，设立1名_____仲裁员。

（4）仲裁裁决书自_____之日起发生法律效力。

（5）争议发生后，具体向哪一个仲裁机构申请仲裁，应当由_____协议选定。

二、选择题

（1）下列关于仲裁裁决的表述中，不符合仲裁法律制度规定的是（　　）。

A. 仲裁一律公开进行　　　　　　B. 当事人申请仲裁后，可以自行和解

C. 仲裁员应实行回避制度　　　　D. 仲裁庭在作出裁决前，应当先行调解

（2）下列适用《仲裁法》的纠纷包括（　　）。

A. 婚姻、收养、监护、抚养、继承纠纷

B. 依法应当由行政机关处理的行政争议

C.《商品房买卖合同》纠纷

D. 农业集体经济组织内部的农业承包合同纠纷

（3）下列不适用我国《仲裁法》的包括（　　）。

A. 房屋买卖合同纠纷　　　　　　B. 供销合同纠纷

C. 继承纠纷　　　　　　　　　　D. 货物运输合同

（4）下列不属于我国仲裁法基本制度的是（　　）。

A. 协议仲裁　　B. 二裁终局　　C. 或裁或审　　　　D. 独立仲裁

（5）我国仲裁法的基本原则不包括（　　）。

A. 协议仲裁　　B. 自愿　　　　C. 公开审理　　　　D. 独立仲裁

三、判断题

（1）对于收养纠纷，可以申请仲裁。（　　）

（2）我国的仲裁不实行级别管辖和地域管辖。（　　）

（3）当事人对仲裁裁决不服，可以向法院提起诉讼。（　　）

（4）当事人没有在仲裁规则规定的期限内选定仲裁员的，由仲裁委员会主任指定。（　　）

（5）除非当事人协议有约定，否则，仲裁都不公开进行。（　　）

（6）当事人申请仲裁后，可以自行和解。（　　）

（7）仲裁裁决一经作出，在任何情况下都不得被撤销。（　　）

（8）当事人不履行仲裁裁决的，另一方当事人可以向仲裁机构申请强制执行。（　　）

四、案例分析题

2015年10月，成都市飞天健身中心（飞天公司）与广州市大陆健身器械公司（大陆公司）签订了一份购销合同。合同中约定："因履行合同发生的争议，由双方协商解决；协商不成的，由仲裁机构仲裁。"2016年10月，双方发生争议，飞天公司向其所在地的成都市仲裁委员会递交了仲裁申请书，但大陆公司拒绝答辩。11月，双方经过协商，重新签订了一份仲裁协议，并商定将此合同争议提交大陆公司所在地的广州市仲裁委员会仲裁。

但事后飞天公司并未申请仲裁，而是向成都市某法院提起诉讼，法院受理此案，大陆公司答辩、参与诉讼。法院判决大陆公司败诉。大陆公司不服，理由是双方事先有仲裁协议，法院判决无效。

请问：（1）购销合同中的仲裁条款是否有效？请说明理由。

（2）争议发生后，双方签订的协议是否有效？为什么？

（3）原告飞天公司向法院提起诉讼正确与否？为什么？

（4）人民法院审理本案，对吗？为什么？

（5）被告大陆公司，能否上诉？为什么？

12 劳动争议调解与仲裁

职业教育是就业教育，学生毕业后将直接走上工作岗位。其在校期间，应当更多地关注劳动者的权利救济，培养劳动者的法治思维，为未来职业生活的稳步发展创造积极的条件。

12.1 劳动争议概述

12.1.1 劳动争议的含义

【案例 12-1】 李某在一家棉纺公司工作，因为烟瘾太大，时常受到班长的批评。一天晚上，上夜班的李某实在熬不住，躲在仓库后边偷偷地点上了一支烟，被巡逻的保安发现。鉴于李某严重违反"仓库重地，严禁烟火"的规定，公司决定解除与李某的劳动合同。李某不服，认为不就是抽一支烟吗，也没造成什么损失，至于就把我辞退了嘛？

请问：李某与公司之间的争议，是什么性质？

劳动争议又称劳动纠纷，是指劳动关系双方当事人，即用人单位与劳动者之间关于劳动权利和劳动义务所发生的纠纷。

李某由于严重违反单位的规章制度，受到辞退处理而不服，其与单位之间关于劳动权利的这种争议，就属于劳动争议。

12.1.2 劳动争议的范围

劳动者与企业之间的争议是多方面的，但只有关于劳动权利和义务的争议，才属于劳动争议。《劳动争议调解仲裁法》第二条规定了劳动争议的范围：

(1) 因确认劳动关系发生的争议；

(2) 因订立、履行、变更、解除和终止劳动合同发生的争议；

(3) 因除名、辞退和辞职、离职发生的争议；

(4) 因工作时间、休息休假、社会保险、福利、培训以及劳动保护发生的争议；

（5）因劳动报酬、工伤医疗费、经济补偿或者赔偿金等发生的争议；

（6）法律、法规规定的其他劳动争议。

12.1.3　不属于劳动争议的纠纷

根据《最高人民法院关于审理劳动争议案件适用法律若干问题的解释（二）》第七条以及其他相关法律的规定，不属于劳动争议案件受理范围的案件主要包括：

（1）劳动者或用人单位与社会保险经办机构发生的社会保险纠纷；

（2）劳动者与用人单位因住房制度改革产生的公有住房转让纠纷、住房公积金征缴纠纷；

（3）劳动者对劳动能力鉴定委员会的伤残等级鉴定结论或者对职业病诊断鉴定委员会的职业病诊断鉴定结论的异议纠纷；

（4）家庭或者个人与直接雇佣的家政服务人员之间的纠纷；

（5）个体工匠与帮工、学徒之间的纠纷；

（6）农村承包经营户与受雇人之间的纠纷；

（7）退休人员再就业发生的争议。根据《最高法院关于审理劳动争议案件适用法律若干问题的解释（三）》第七条"用人单位与其招用的已经依法享受养老保险待遇或领取退休金的人员发生用工争议，向人民法院提起诉讼的，人民法院应当按劳务关系处理"的规定，下列人员再就业出现的争议，不属于劳动争议：已经达到退休年龄的；已经依法享受养老保险待遇的；已经领取退休金的。他们之间的争议按照劳务关系，可以通过民事诉讼的途径解决。

（8）普通高校学生勤工助学期间与用人单位发生的纠纷。

（9）职业院校顶岗实习学生与用人单位发生的纠纷。

12.1.4　劳动争议的处理机制

【案例12-2】2016年8月，毕业生小赵被坐落在天津市宁河区的大海汽车制造公司（简称大海公司）录用。但大海公司没有直接与小赵签订劳动合同，公司表示，凡是新录用的职工都要先签订为期6个月的试用合同，试用期满、经考核合格的才能签订正式的劳动合同。试用期工资是正常工资的60%。

六个月期满后，大海公司以小赵在试用期内表现不合格为由，不予签订正式的劳动合同。小赵对此不服，要求公司支付经济补偿金，并补发未按照正常工资支付的工资差额。

请问：小赵可以通过哪些途径来维护自己的权利？

　　小赵与大海公司之间关于经济补偿金和补发工资差额的纠纷属于劳动争议。根据我国《劳动法》、《劳动争议调解仲裁法》等规定，其可以选择以下四种途径或方式：

　　（1）协商。劳动者可以与用人单位协商，也可以请工会或者第三方共同与用人单位协商，达成和解协议。

　　（2）调解。劳动者与用人单位任何一方不愿协商、协商不成或者达成和解协议后不履行的，可以向调解组织申请调解。

　　（3）仲裁。劳动者与用人单位任何一方不愿调解、调解不成或者达成调解协议后不履行的，可以向劳动争议仲裁委员会申请仲裁。

　　劳动争议仲裁是向法院提起诉讼的前置程序，只有经过仲裁，对仲裁裁决不服的，才可以提起诉讼。但是需要注意的是，并不是争议双方对所有的仲裁裁决不服都可以提起诉讼的。

　　对于劳动者而言，劳动争议的处理执行的是一裁两审制。先申请仲裁，对裁决不服的，再向法院提起诉讼。法律对其诉权没有特别的限制。

　　而对于用人单位而言，法律对其诉权是有限制的。对有些特定的劳动争议案件，劳动者不服仲裁裁决的可以起诉；而用人单位则不能以不服仲裁裁决为由向法院起诉，对用人单位实际上执行的是一裁终局。《劳动争议调解仲裁法》第四十七条规定了对仲裁裁决不服的，劳动者可以起诉，用人单位不可起诉的案件：

　　1）追索劳动报酬、工伤医疗费、经济补偿或者赔偿金，不超过当地月最低工资标准十二个月金额的争议。

　　2）因执行国家的劳动标准在工作时间、休息休假、社会保险等方面发生的争议。

　　上述两类劳动争议案件的仲裁裁决为终局裁决，裁决书自作出之日起发生法律效力。劳动者不服的，可以自收到仲裁裁决书之日起十五日内向人民法院提起诉讼。用人单位一般不能以不服为由起诉。用人单位只有在有证据证明仲裁裁决有法定违法情形的，才可以自收到仲裁裁决书之日起三十日内向劳动争议仲裁委员会所在地的中级人民法院申请撤销裁决。

　　（4）诉讼。对仲裁裁决不服的，可以依法向人民法院提起诉讼。

　　除上述四种争议解决途径之外，劳动者还可以直接向劳动行政部门投诉。根据《中华人民共和国劳动合同法》（以下简称《劳动合同法》）第八十五条的规定："用人单位有下列情形之一的，由劳动行政部门责令限期支付劳动报酬、加班费或者经济补偿；劳动报酬低于当地最低工资标准的，应当支付其差额部分；逾期不支付的，责令用人单位按应付金额百分之五十以上百分之一百以下的标准向劳动者加付赔偿金：（一）未按照劳动合同的约定或者国家规定及时足额支付劳动者劳动报酬的；（二）低于当地最低工资标准支付劳动者工资的；（三）安排加班不支付加班费的；（四）解除或者终止劳动合同，未依照本法规定向劳动者支付经济补偿的。"

12.2　劳动争议的调解

12.2.1　劳动争议调解组织

【问题】对于案例 12-2 发生了劳动争议，小赵可以找哪些调解组织申请调解？

根据《劳动争议调解仲裁法》规定，发生劳动争议后，小赵作为当事人可以向以下调解组织申请调解：

（1）企业劳动争议调解委员会。根据法律规定，企业设立劳动争议调解委员会，由职工代表和企业代表组成。职工代表由工会成员担任或者由全体职工推举产生，企业代表由企业负责人指定，由工会成员或者双方推举的人员担任企业劳动争议调解委员会主任。

（2）依法设立的基层人民调解组织。全国人大常委会于 2010 年 8 月 28 日审议通过《中华人民共和国人民调解法》，确立了人民调解制度，是我国独具特色的民间纠纷解决机制。人民调解，就是指人民调解委员会通过说服、疏导等方法，促使当事人在平等协商基础上自愿达成调解协议，解决民间纠纷的活动。该法规定，人民调解委员会是依法设立的调解民间纠纷的群众性组织，企业事业单位根据需要设立人民调解委员会。经人民调解委员会调解达成的调解协议，具有法律约束力，当事人应当按照约定履行。如果当事人之间就调解协议的履行或者调解协议的内容发生争议，一方当事人可以向人民法院提起诉讼。

经人民调解委员会调解达成调解协议后，如果双方当事人认为有必要的，可以自调解协议生效之日起三十日内共同向人民法院申请司法确认。法院确认调解协议有效的，一方当事人拒绝履行或者未全部履行的，对方当事人可以向人民法院申请强制执行；法院确认调解协议无效的，当事人可以通过人民调解方式变更原调解协议或者达成新的调解协议，也可以向人民法院提起诉讼。

（3）在乡镇、街道设立的具有劳动争议调解职能的组织。乡镇街道建立的劳动争议调解委员会，人员一般由乡镇（街道）劳动就业社会保障服务中心、综治办、司法所、工会等单位工作人员组成，业务上接受基本人力资源和社会保障部门和劳动人事争议仲裁委员会的指导。根据国家人力社保部《关于加强专业性劳动争议调解工作的意见》，为加强统筹协调，在乡镇街道矛盾纠纷调解工作平台设置"劳动争议调解窗口",由当地乡镇街道劳动就业社会保障服务所(中心)调解组织负责调解窗口的日常工作。

12.2.2　劳动争议调解的效力

劳动争议调解达成协议的,应当制作调解协议书。劳动争议调解协议书,是劳动争议双方达成调解合意的书面证明文件,属于一种特殊的法律文书。调解协议书由双方当事人签名或者盖章,经调解员签名并加盖调解组织印章后生效,对双方当事人具有约束力,当事人应当履行。

达成调解协议后,一方当事人在协议约定期限内不履行调解协议的,另一方当事人可以依法申请仲裁。

因支付拖欠劳动报酬、工伤医疗费、经济补偿或者赔偿金事项达成调解协议,用人单位在协议约定期限内不履行的,劳动者可以持调解协议书依法向人民法院申请支付令。人民法院应当依法发出支付令。

《最高人民法院关于审理劳动争议案件适用法律若干问题的解释(二)》第十七条规定:"当事人在劳动争议调解委员会主持下达成的具有劳动权利义务内容的调解协议,具有劳动合同的约束力,可以作为人民法院裁判的根据。"

12.2.3　劳动争议调解的优势

调解虽然不是必经程序,但却是解决劳动争议的一种重要形式,在我们特定的国情下,具有特殊的优势:

(1)调解的程序比较简单方便,节省时间和精力。调解是为了解决问题,不能"调而不结",久拖不结会使矛盾越积越深。因此,法律规定,自劳动争议调解组织收到调解申请之日起十五日内未达成调解协议的,当事人可以依法申请仲裁。

(2)调解不伤和气。劳动争议调解具有"案结事了人和"的优势,通过调解柔性化方式化解劳动争议,可以及时修复破损的劳动关系,维系双方当事人和谐,提高就业质量和稳定性。

(3)人民调解是一种具有法律效力的民间纠纷解决方式,能够体现公平公正,能够较好地维护各方当事人的利益。

12.3　劳动争议仲裁

12.3.1　劳动争议仲裁的管辖

【问题】案例12-2中,如果选择仲裁,小赵应该向哪个劳动争议仲裁机构提出申请?

这个问题，实际上涉及了劳动争议仲裁案件的管辖问题。《劳动争议调解仲裁法》第二十一条对劳动争议仲裁案件的管辖予以明确的规定：

劳动争议仲裁委员会负责管辖本区域内发生的劳动争议。这是对劳动争议仲裁的地域管辖的规定。由于劳动争议仲裁委员会不按行政区划层层设立，因而其地域管辖也不按行政区划划分，而是按照设立时划分的管辖区域，管辖本辖区内发生的劳动争议。管辖地域可能与行政区划重合，也可能不重合。

《劳动争议调解仲裁法》没有直接规定直辖市、设区的市与其区、县的劳动争议仲裁委员会之间的级别管辖，各省、自治区、直辖市人民政府在决定设立劳动争议仲裁委员会时，一般对本行政区划内的劳动争议仲裁进行级别管辖的划分。

2017年7月1日起施行的《劳动人事争议仲裁办案规则》规定，劳动人事争议仲裁委员会"下设实体化的办事机构，称为劳动人事争议仲裁院（简称仲裁院）"，具体负责仲裁业务工作。

劳动争议由劳动合同履行地或者用人单位所在地的劳动争议仲裁委员会管辖。也就是说，发生劳动争议，申请人可以选择向劳动合同履行地或者用人单位所在地的劳动争议仲裁委员会中的任何一个劳动争议仲裁委员会提起仲裁申请。《劳动人事争议仲裁办案规则》第八条规定："劳动合同履行地为劳动者实际工作场所地，用人单位所在地为用人单位注册、登记地或者主要办事机构所在地。用人单位未经注册、登记的，其出资人、开办单位或者主管部门所在地为用人单位所在地。"

双方当事人分别向劳动合同履行地和用人单位所在地的劳动争议仲裁委员会申请仲裁的，由劳动合同履行地的劳动争议仲裁委员会管辖。也就是说如果出现劳动争议，争议的双方当事人都申请仲裁，一方向劳动合同履行地的仲裁委提出申请，另一方向用人单位所在地的仲裁委提出申请，出现了管辖争议的时候，《劳动争议调解仲裁法》就确定由劳动合同履行地的劳动争议仲裁委员会管辖。

案例12-2中，小赵所在的大海公司，坐落于天津市宁河区，宁河区是劳动合同的履行地。因此，根据规定，小赵可以向宁河区劳动人事争议仲裁院提出仲裁申请。

12.3.2 劳动争议仲裁的提起

12.3.2.1 仲裁申请时效

劳动争议仲裁的申请时效，是指劳动争议当事人在劳动争议发生后有权向劳动争议仲裁委员会申请仲裁的法定期间。申请时效是必须提起注意的一个重要问题，因为如果超过了时效期间再提出仲裁申请，劳动争议仲裁机构就会以超过时效为由不予受理，就等于封堵了仲裁救济的通道。超过时效，你可以申请，但得不到仲裁机构的保护。

《劳动争议调解仲裁法》第二十七条规定："劳动争议申请仲裁的时效期间为一年。仲裁时效期间从当事人知道或者应当知道其权利被侵害之日起计算。"同时规定："劳动关系存续期间因拖欠劳动报酬发生争议的，劳动者申请仲裁不受一年仲裁时效期间的限制；但是，劳动关系终止的，应当自劳动关系终止之日起一年内提出。"

需要注意的是，如果出现法定的仲裁时效中断和中止的情形，时效的计算应依规定而行，以充分保证当事人的权利。

12.3.2.2　提出仲裁申请

仲裁是依申请的行为。提出劳动人事争议仲裁的申请，可以口头提出，但一般要求书面提出。提出仲裁申请的文书，就称为《劳动人事争议仲裁申请书》。

【知识链接】《劳动人事争议仲裁申请书》主要内容

（1）申请人的基本情况：姓名、性别、民族、工作单位、地址、电话、邮编等。

（2）被申请人的基本情况：被申请人一般为法人等用人单位，应当将用人单位的基本情况写清楚。

（3）请求事项：就是希望得到仲裁机构支持的那些权利主张，如支付经济补偿金2000元、签订劳动合同等。应当把需要得到支持的主张罗列清楚。

（4）事实和理由：主要叙述事情的基本情况，特别注意时间、地点、事件等叙述要素要清楚；要说明自己的哪些权利受到侵害；要尽可能将自己掌握的理由，包括各种证据、法律依据等写清楚。

（5）尾部：要写清楚向哪个仲裁机构提出的申请。

12.3.2.3　申请仲裁需要提交的材料

申请仲裁，除要提交《劳动争议仲裁申请书》外，还应提交下列材料：

（1）申请人的身份证和身份证复印件。需要代理人代理的，应提交一份授权委托书。

（2）用人单位的工商注册信息资料（企业户卡）或营业执照复印件（可以到用人单位所在地的工商局档案查询，一般需要交付打印费。）

（3）申请人与用人单位之间存在劳动关系的证明材料，包括劳动合同，工作证，工资折（卡），入职登记表单，押金收据，被处罚（处理）的凭证和被开除、除名、辞退、解除（或终止）劳动关系通知或证明书，证人证言，相关调解组织出具的调解记录或者其他相关证明等。

（4）提交证据材料清单一式两份。

12.3.3　劳动争议仲裁的举证责任

12.3.3.1　劳动争议仲裁举证责任的一般原则

劳动争议调解仲裁执行"谁主张，谁举证"的一般举证责任原则。发生劳动争议，当事人对自己提出的主张，有责任提供证据。

12.3.3.2　用人单位的特殊举证责任

用人单位作为用工的主体一方掌握和管理着劳动者的人事档案、工资发放、社会保险费缴纳、劳动保护提供等情况和材料，劳动者一般无法取得和提供。从举证责任分配的公平原则角度出发，《劳动争议调解仲裁法》对用人单位的举证责任又作了特殊的规定：与争议事项有关的证据属于用人单位掌握管理的，用人单位应当提供；用人单位不提供的，或在指定期限内不提供的，应当承担不利后果。

12.3.3.3　劳动者的举证责任规定

（1）确保立案的证据。根据规定，仲裁申请书中应当载明证据和证据来源、证人姓名和住所，以保证仲裁机关对案件的受理。

就案例12-2而言，小赵应提供的证据最起码应包括：证明其与大海公司存在劳动关系的证据，如试用期合同、在大海公司工作的照片视频等资料、工资条、工作证、员工卡等；大海公司与小赵在相同或类似岗位的人员的工资状况；在大海公司完成工作任务的相关资料；同班组员工的姓名和身份等证据材料。

（2）关于加班费争议的举证责任。《最高人民法院关于审理劳动争议案件适用法律若干问题的解释（三）》第九条规定："劳动者主张加班费的，应当就加班事实的存在承担举证责任。但劳动者有证据证明用人单位掌握加班事实存在的证据，用人单位不提供的，由用人单位承担不利后果。"

12.3.4　劳动争议仲裁程序中的调解

仲裁程序开始以后，还可以通过制作《劳动争议调解书》结案。

在两种情况下，可以制作调解协议书：

（1）当事人申请劳动争议仲裁后，可以自行和解。达成和解协议的，可以撤回仲裁申请。当事人申请仲裁庭根据和解协议制作调解书的，仲裁庭经审查，确认和解协议合法有效的，应当根据和解协议制作调解书。

（2）仲裁庭在做出裁决前，应当先行调解，也就是在仲裁庭的主持下双方形成合意。调解达成协议的，仲裁庭应当制作调解书。

调解书应当写明仲裁请求和当事人协议的结果，由双方当事人、仲裁员签名，加盖劳动争议仲裁委员会印章。

调解书经双方当事人签收后，发生法律效力。调解不成或者调解书送达前，一方当事人反悔的，仲裁庭应当及时做出裁决。

12.3.5 劳动争议仲裁的流程

（1）劳动争议当事人提出仲裁的，应当从劳动争议发生之日起一年内向仲裁委员会提出书面申请。

（2）仲裁委员会应当自收到申诉之日起五日内作出受理或不受理的决定。

（3）仲裁庭应当于开庭五日前，将开庭时间、地点的书面通知送达当事人。

（4）仲裁庭处理劳动争议案件，应当自组成仲裁庭之日起四十五日内结案，案情复杂确需延期的，经报仲裁委员会批准，可以适当延期，但不得超过十五日。

（5）仲裁庭处理劳动争议应先行调解，调解达成协议的，仲裁庭应当根据协议内容制作调解书，调解书自送达之日起具有法律效力。

（6）当事人对仲裁裁决不服的，自收到裁决书之日起十五日内，可以向人民法院起诉，期满不起诉的，裁决书即发生法律效力。

（7）当事人对发生法律效力的调解书和裁决书，应当依照规定的期限履行。一方当事人逾期不履行的，另一方可以申请人民法院强制执行。

劳动争议调解仲裁流程如图 12-1 所示。

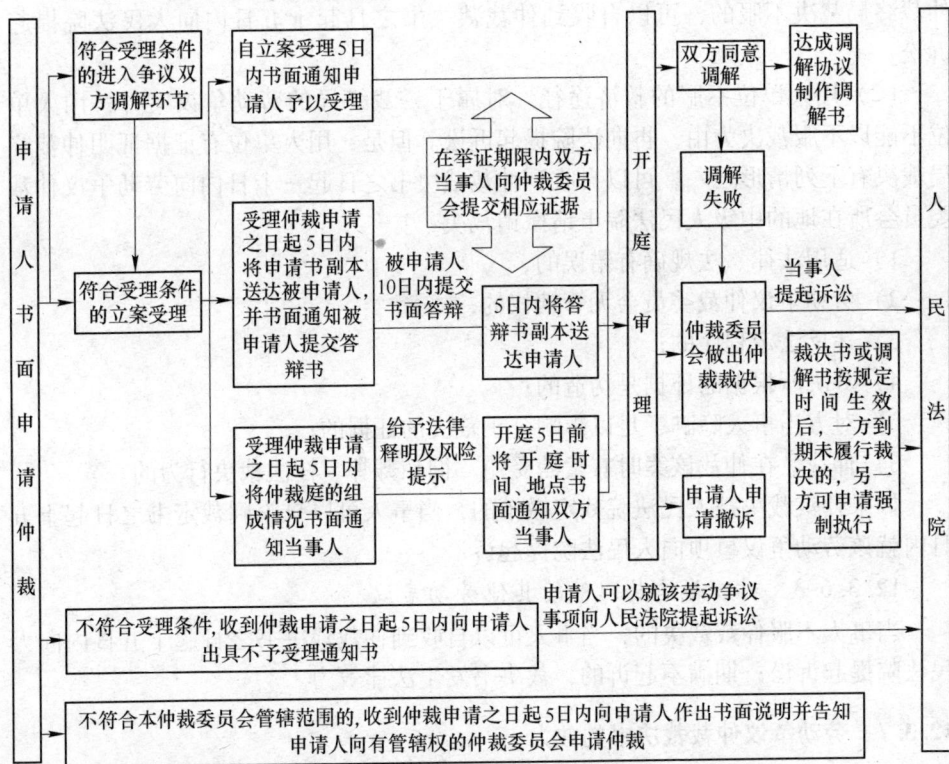

图 12-1 劳动争议调解仲裁流程

12.3.6 一裁终局制度

一裁终局是指劳动争议经仲裁庭裁决后即行终结，裁决书自作出之日起发生法律效力，当事人不得就同一争议事项再向仲裁委员会申请仲裁或向法院起诉的制度。

12.3.6.1 一裁终局的劳动争议案件

《劳动争议调解仲裁法》规定，下列劳动争议，除该法另有规定的外，仲裁裁决为终局裁决，裁决书自作出之日起发生法律效力：

（1）追索劳动报酬、工伤医疗费、经济补偿或者赔偿金，不超过当地月最低工资标准十二个月金额的争议；

（2）因执行国家的劳动标准在工作时间、休息休假、社会保险等方面发生的争议。

12.3.6.2 对一裁终局劳动争议案件的救济途径

对于一裁终局劳动争议案件的救济途径，法律对劳动者和用人单位分别作出了不同的规定，体现了法律对劳动者基本生活需要的特殊保障。

（1）劳动者不服的救济途径。对属于一裁终局的劳动争议案件，劳动者对仲裁终局裁决不服的，可以自收到仲裁裁决书之日起十五日内向人民法院提起诉讼。

（2）用人单位不服的救济途径。对属于一裁终局的劳动争议案件，用人单位不能以不服裁决为由，再向法院提起诉讼。但是，用人单位有证据证明仲裁终局裁决有下列情形之一，可以自收到仲裁裁决书之日起三十日内向劳动争议仲裁委员会所在地的中级人民法院申请撤销裁决：

1）适用法律、法规确有错误的；

2）劳动争议仲裁委员会无管辖权的；

3）违反法定程序的；

4）裁决所根据的证据是伪造的；

5）对方当事人隐瞒了足以影响公正裁决的证据的；

6）仲裁员在仲裁该案时有索贿受贿、徇私舞弊、枉法裁决行为的。

如果仲裁裁决被人民法院裁定撤销，当事人可以自收到裁定书之日起十五日内就该劳动争议事项向人民法院提起诉讼。

12.3.6.3 对一裁终局以外的其他劳动争议

当事人不服仲裁裁决的，当事人可以自收到仲裁裁决书之日起十五日内向人民法院提起诉讼；期满不起诉的，裁决书发生法律效力。

12.3.7 劳动争议仲裁裁决书的效力

（1）裁决书对仲裁庭的拘束力。劳动争议仲裁裁决作出后，作出该裁决的仲裁庭原则上不得随意撤销或者变更该裁决，以维持该裁决的权威性和稳定性。

（2）裁决书对当事人的效力。对于发生法律效力的劳动争议仲裁裁决书，当事人不得再以仲裁的方式就该争议要求劳动争议仲裁机关进行裁决。当事人应当依法在规定的期限内履行该裁决书。

（3）裁决书具有执行力。具有给付内容的劳动争议仲裁裁决书具有执行效力。如果义务人不履行给付义务，可以通过强制执行得以实现。

12.3.8 劳动争议仲裁的特殊制度

12.3.8.1 申请支付令

"支付令"一词来源于我国的《民事诉讼法》，该法第二百一十四条规定："债权人请求债务人给付金钱、有价证券，符合下列条件的，可以向有管辖权的基层人民法院申请支付令：（一）债权人与债务人没有其他债务纠纷的；（二）支付令能够送达债务人的。"

支付令是人民法院依照民事诉讼法规定的督促程序，根据债权人的申请，向债务人发出的限期履行给付金钱或有价证券的法律文书。这是处理债权债务关系明确的民事、经济纠纷的一种简捷办法，如果债务人接到支付令之日起 15 日内，不向法院提出书面异议，其就必须执行。如果债务人对债权债务关系没有异议，只是对清偿能力、清偿期限、清偿方式提出不同意见的，不影响支付令的效力。如果法院裁定终结督促程序，支付令自行失效，债权人可以提出诉讼。

劳动者可以申请支付令的情形包括：

（1）因支付拖欠劳动报酬、工伤医疗费、经济补偿或者赔偿金事项达成调解协议，用人单位在协议约定期限内不履行的，劳动者可以持调解协议书依法向人民法院申请支付令。人民法院应当依法发出支付令。

（2）《劳动合同法》第三十条规定："用人单位拖欠或者未足额支付劳动报酬的，劳动者可以依法向当地人民法院申请支付令，人民法院应当依法发出支付令。"

用人单位在收到人民法院发出的支付令之日起十五日内不提出书面异议，又不履行支付令的，劳动者可以向人民法院申请执行。

12.3.8.2 申请先予执行

先予执行是源于民事诉讼法中的概念，是指人民法院在审理民事案件中，因当事人一方生活或生产的急需，在作出判决之前，根据当事人的申请，裁定一方当事人给付另一方当事人一定数额的款项或者特定物，或者停止或实施某些行为，并立即执行的法律制度。先予执行制度就是为了解决当事人的燃眉之急，于终审判决前让被告先给付原告一定数额的款项或者财物，以维持原告正常的生活或者生产。

A 先予执行的案件范围

《民事诉讼法》第一百零六条规定，根据当事人的申请，人民法院可以裁定先予执行的案件包括：追索赡养费、扶养费、抚育费、抚恤金、医疗费用的；追索劳动报酬的；因情况紧急需要先予执行的。

根据《劳动争议调解仲裁法》第四十四条第一款的规定，仲裁庭可以裁定先予执行的劳动争议案件，包括追索劳动报酬、工伤医疗费、经济补偿或者赔偿金的案件。

根据当事人的申请，仲裁庭可以裁决先予执行，移送人民法院执行。

B 仲裁庭裁决先予执行的条件

先予执行是在法院未进行宣判的情况下就要求一方当事人履行义务的一种未决先行制度，是必须要严格掌握的。

根据《劳动争议调解仲裁法》第四十四条第二款的规定，仲裁庭裁决先予执行的，应当符合下列条件：

（1）当事人之间权利义务关系明确；

（2）不先予执行将严重影响申请人的生活。

劳动者申请先予执行的，可以不提供担保。

12.3.8.3 劳动争议仲裁前置程序

劳动争议仲裁前置，即先裁后审模式，是指处理劳动争议时，必须先经过仲裁程序，对仲裁裁决不服或者逾期未作出仲裁裁决的，才可以向人民法院提起诉讼。仲裁前置，是仲裁程序前置，而不是仲裁裁决前置；如果仲裁庭超过法定仲裁时限没有作出仲裁裁决的，则当事人仍然可以就该劳动争议事项向人民法院提起诉讼。

劳动争议仲裁前置程序的意义在于：

（1）充分发挥仲裁的作用，使劳动争议尽可能地在比较平和的气氛中解决，尽可能地不启动诉讼程序，避免矛盾激化到激烈对抗的状态。

（2）满足劳动争议处理的专门性和专业性要求，由专业的劳动争议仲裁委员会通过仲裁庭和仲裁员处理劳动争议，有利于劳动争议尽快、合理解决。

问题与测试

一、填空题

（1）劳动争议的解决途径主要包括_____、_____、_____、_____四种。

（2）仲裁庭裁决劳动争议案件，应当自劳动争议仲裁委员会受理申请之日起_____内结束；确有需要的，经_____批准，可以延期，但延长期限不得超过_____日。

（3）用人单位在收到人民法院发出的支付令之日起_____内不提出书面异议，又_____的，劳动者可以向_____申请执行。

（4）劳动争议由_____履行地或者_____所在地的劳动争议仲裁委员会管辖。

（5）劳动争议申请仲裁的时效期间为_____年，从当事人_____或者_____之日起计算。

二、选择题

（1）劳动争议仲裁委员会的组成，不包括(　　　)。
　　A. 人民法院代表　　　　　　　　B. 劳动行政部门代表
　　C. 工会代表　　　　　　　　　　D. 企业方面代表

（2）关于劳动争议申请仲裁的时效，下列说法正确的是(　　　)。
　　A. 劳动争议申请仲裁的时效期间为 1 年
　　B. 劳动关系存续期间，因拖欠劳动报酬的争议，不受 3 年仲裁时效期间的限制
　　C. 劳动仲裁时效，不因当事人一方向对方当事人主张权利而中断
　　D. 劳动仲裁时效，不因向有关部门请求权利救济而中断

（3）下列不属于劳动争议的是(　　　)。
　　A. 因确认劳动关系发生的争议　　B. 劳动者对伤残等级鉴定结论不服
　　C. 因履行劳动合同发生的争议　　D. 因辞职、离职发生的争议

（4）仲裁庭裁决劳动争议案件，应当自劳动争议仲裁委员会受理仲裁申请之日起(　　　)天内结束。
　　A. 20　　　　　　B. 30　　　　　　C. 45　　　　　　D. 60

（5）劳动争议案件案情复杂申请延期的，劳动仲裁延长期限不得超过(　　　)。
　　A. 20 天　　　　B. 45 天　　　　C. 10 天　　　　D. 15 天

三、判断题

（1）因为休假权利而产生的争议，适用《劳动争议调解仲裁法》。(　　　)

（2）人民调解组织是官方纠纷调解组织。(　　　)

（3）企业劳动争议调解委员会制作的《调解协议书》不具备任何效力。(　　　)

（4）劳动者作为当事人，在劳动争议仲裁或诉讼中也负有举证责任。(　　　)

（5）申请劳动争议仲裁后，当事人双方可以自行和解。(　　　)

（6）劳动者可以依据调解委员会关于工伤医疗费的调解协议书向法院申请支付令。（　　）

四、案例分析题

冯某于 2008 年 1 月 12 日进入某公司工作，担任后勤维修人员，双方签订无固定期限劳动合同。2013 年 1 月 14 日公司以冯某违反《设备定期检修巡查制度》为由，依据其《公司奖惩制度》，作出《关于对冯某违纪问题的处分决定》。

同年 1 月 30 日，该公司向冯某送达《关于对冯某违纪事件的处理决定》、《解除劳动合同通知书》，决定与冯某解除劳动合同。冯某认为公司系违法解除劳动合同。

请问：（1）冯某与公司之间的纠纷属于什么性质？

（2）冯某可以通过哪些方式实现权利救济？

（3）冯某若申请劳动争议仲裁，应该在什么期间内提出？

（4）冯某应如何申请劳动争议仲裁？

参 考 文 献

［1］曾宪义．2003 年法律硕士专业学位研究生联考考试大串讲［M］．北京：中国人民大学出版社，2002.

［2］孙笑侠．法理学［M］．北京：中国政法大学出版社，1996.

［3］教育部全国教育普法领导小组办公室．教师法治教育读本［M］．北京：教育科学出版社，2002.

［4］乔晓阳．关于中国特色社会主义法律体系的构成、特征和内容［EB/OL］．天津市领导干部学法用法考试系统，2016.

［5］巫昌祯．婚姻法教程［M］．北京：中央广播电视大学出版社，1990.

［6］王筱．中学生法治教育研究［D］．海口：海南师范大学，2016.

［7］李文州．实践思维视域下中国法治的改进［D］．石家庄：河北经贸大学，2012.

［8］邓宁昊．论依法治国中全民法治观念的培养［D］．长沙：湖南大学，2015.

［9］马怀德．中国行政法［M］．北京：中国政法大学出版社，1997.

［10］人力资源和社会保障部教材办公室．法治教育读本［M］．北京：中国劳动社会保障出版社，2016.